초등학교

생활
중국어

초등학교 생활 중국어 5

지은이 김지선, 조한나, 권승숙
펴낸이 임상진
펴낸곳 (주)넥서스

초판 1쇄 인쇄 2020년 11월 10일
초판 1쇄 발행 2020년 11월 16일

출판신고 1992년 4월 3일 제311-2002-2호
주소 10880 경기도 파주시 지목로 5
전화 (02)330-5500 팩스 (02)330-5555

ISBN 979-11-6165-852-0 64720
      979-11-6165-847-6 (세트)

www.nexusbook.com

시작부터 특별한 **어린이 중국어** 학습 프로그램

초등학교

생활 중국어

김지선·조한나·권승숙 지음
한국중국어교육개발원 감수

5

넥서스CHINESE

세계의 인구는 약 77억 명 정도라고 합니다. 그중에 중국어를 사용하는 사람이 약 15억 명으로, 즉 세계 인구의 1/5 정도가 중국어를 사용하고 있습니다. 우리 어린이들이 중국어를 배우면 지구상에서 만나는 사람들 5명 중의 1명과 소통할 수 있다는 뜻입니다.

집필진 선생님들께서는 동산초등학교가 중국어를 가르치기 시작한 2007년부터 현재까지 꾸준히 근무하시면서 어린이들이 배우기 쉽고 흥미 있는 교재를 찾기 위하여 새 학년도마다 늘 고민을 하셨습니다. 그러면서 다년간 현장에서 직접 어린이들과 부딪치며 느꼈던 교재의 아쉬움을 직접 해결해 보고자 이번에 『초등학교 생활 중국어』 교재 집필에 참여하셨습니다.

이 교재는 우리 동산 어린이들뿐만 아니라 중국어를 처음 배우기 시작하는 모든 어린이에게 쉽고 재미있게 중국어를 배울 수 있는 교재가 될 것이라고 확신합니다. 학교 현장 수업에 적합한 새로운 구성과 창의적인 내용으로 아이들이 흥미롭게 중국어를 배울 수 있는 교재입니다. 동산초등학교 어린이들뿐만 아니라 우리나라 모든 어린이가 글로벌 인재로 성장할 기회를 열어 주는 교재가 되기를 응원합니다.

동산초등학교 신상수 교장선생님

✿ ✿ ✿

저는 저자가 이 교재를 만드는 것을 그동안 옆에서 지켜보았습니다. 어떻게 하면 아이들이 쉽고 즐겁게 중국어를 공부할 수 있을까 하고 고민하던 많은 시간이 결국 집필이라는 인고의 시간을 통해 이처럼 배움의 꽃으로 승화했습니다. 저는 이 교과서가 아이들의 중국어 능력 향상에 크게 기여하리라 믿어 의심치 않으며, 또한 이 교재를 통하여 아이들에게 즐겁고 행복한 배움이 있기를 기원합니다.

토평중학교 심정옥 교장선생님

　　박용호 선생님이 집필 책임을 맡고 뛰어난 집필진, 연구진이 한 팀이 되어 만들어 낸『초등학교 생활 중국어』시리즈는 어린 학생들의 인지적 능력 발달의 특징과 학생들의 흥미를 고려하여 학습 내용 및 연습문제를 매우 잘 설계하였습니다. 내용적인 특징을 살펴보니, 첫째는 어린 학생들에게 익숙한 상황을 학습 내용에 잘 반영하였으며, 둘째는 가르치는 내용이 풍부하고, 다양한 활동을 담아 학생들이 참여를 통하여 쉽게 학습 내용을 익힐 수 있도록 하였고, 활동 소재의 선택과 설계는 초등학생의 특성을 잘 반영하고 있습니다.

북경외국어대학교 중문대학장 Zhang Xiaohui

✿　✿　✿

　　다년간 중국어 국제 교육과 한중 문화 교육 교류에 힘써 온 박용호 선생님이 주도하여 만드는『초등학교 생활 중국어』시리즈는 다년간의 중국어 교육 이론과 교학 방법 및 교학 모형 연구의 중요한 성과물이 될 것입니다. 이것은 한국의 어린이 중국어 교재 출판 영역에 있어서의 중요한 성과이며, 차후 한중 양국의 인문 교류에도 공헌하게 될 것입니다.

중국국립우한대학교 국제교육대학장 Hu Yanchu

✿　✿　✿

　　지금까지 한국에서 출간된, 초등학생의 단계에 알맞는 중국어 교재를 찾기란 쉽지 않습니다.『초등학교 생활 중국어』는 한국중국어교육개발원의 대표인 박용호 선생님을 중심으로 많은 국내외 중국어 선생님들이 힘을 합쳐 그들의 다년간의 경험을 담아 내어 집필되는 첫 번째 어린이 중국어 교재가 아닌가 생각합니다.『초등학교 생활 중국어』는 한국 교육부의 초중고 중국어 교육과정을 참고하였고, 어휘면에서는 HSK 1~3급을 참고하여 실용성과 생동감, 재미가 일체가 되어 집필되었습니다. 이제 초등학교 수준의 어린이들에게 적합한 교재가 나왔다고 할 수 있습니다.

한국외국어대학교 공자아카데미원장 Miao Chunmei

이 교재는 재미있는 문화 지식, 효과적인 언어 재료, 효율적인 교사와 학생의 활동 등이 풍부합니다. 아마도 중국어 교사라면 즐거운 마음으로 이 교재를 선택할 것입니다. 한국의 어린 학생들이 이 교재를 통하여 많은 것을 얻을 수 있기를 바랍니다.

북경어언대학교 한어대학 교수 YangJie

✳ ✳ ✳

오랫동안 한국의 중국어 교육 발전을 위해 노력해 온 박용호 선생님은 그동안 한중 양국의 교육 문화계에 중요한 영향을 끼쳤습니다. 이번에 그가 조직하여 출판하는『초등학교 생활 중국어』는 다년간의 교육 경험, 교육 방법 교학 연구의 중요한 성과가 아닌가 생각합니다. 이것은 한국의 어린이 중국어 교재 출판에서의 신기원일 뿐 아니라, 중국 출판계에 끼치는 영향도 지대할 것입니다.

상해교통대학출판사 총경리 Li Miao

✳ ✳ ✳

이번『초등학교 생활 중국어』의 출판은 오랜 기간 한국의 중국어 교사를 대표했던 박용호 선생님을 중심으로 다년간 초등 교육에 전념한 현직 선생님들이 집필에 직접 참여하여 쓰여졌습니다. 이 교재는 초등학교 학생 수준에 맞추어 생동감 있는 내용으로 재미있게 쓰여져 초등학생의 학습 흥미와 상상력을 일깨울 것입니다.

중국절강출판연합집단 동경지사 사장 Quan Guangri

머리말

초등학교 중국어의 세계에 들어오신 것을 환영합니다. 우리는 왜 중국어를 공부해야 할까요? 어떤 사람들은 한자와 발음 때문에 중국어가 배우기 어렵다고들 합니다. 하지만 과학적 연구 결과에 의하면, 중국어를 공부하면 인간의 좌뇌와 우뇌를 고르게 사용하게 되기 때문에, 수학, 과학, 외국어, 인문학 등 다른 영역을 공부하는 데 있어서 매우 긍정적인 영향을 끼친다고 합니다. 그래서 중국어를 공부해야 합니다. 굳이 이웃 나라 중국의 중요성에 대해서 언급하지 않더라도 말이죠. 어린이는 우리의 미래입니다. 그리고 우리 어린이들이 중국어를 공부한다는 것은 자신의 미래를 준비하는 가장 훌륭한 선택이 될 것입니다.

이 책은 다음의 기준으로 집필되었습니다.

1 **초등학교 중국어 교과서를 지향합니다.** 현재 초등학교에는 중국어가 정규 교육과정에 들어가 있지 않습니다. 그러나 이 교재는 현행 중·고등학교 중국어 교육과정을 적극 참고하여, 우리가 초등학교 교과서를 만든다는 마음가짐으로 집필하였습니다.

2 **초등학교 중국어 선생님들이 집필하였습니다.** 오랜 시간 초등학교에서 정규과목으로 중국어를 가르쳐 온 선생님들이 직접 교재를 만들면서 그동안 현장에서 쌓은 경험과 노하우를 고스란히 담았습니다.

3 **뚜렷한 기준으로 집필되었습니다.** 기준 어휘는 교육부가 선정한 중·고등학교 교육과정의 880개 어휘와 의사소통 기본 표현과 문화 부분을 참고하였습니다. 또한 HSK 1~3급의 어휘 600개를 참고하였습니다. 그리고 일주일에 한 시간 기준으로 1년에 1권씩 총 6권으로 기획되었고, 수준에 따라 낱권으로도 사용할 수 있도록 설계하였습니다.

4 **관련 분야 전문가의 공동 작업을 실현하였습니다.** 우수한 집필진은 물론이고, 그 이상의 다양한 경험과 능력을 보유한 연구진 선생님들이 교재 개발에 참여하였습니다. 또한 중국 교육부에서 파견한 원어민 교사(CPIK) 선생님들 중에서도 여러 분이 연구, 검토 및 교정에 참여해 주셨습니다.

이 교재를 통하여 어린이 여러분들이 교실에서 선생님과 함께, 혹은 가정에서 부모님과 함께 중국어를 즐겁게 공부할 수 있기를 기대합니다. 출판을 허락해 주신 넥서스 신옥희 전무님께 감사드리고, 편집의 틀을 잡아 주신 조유경 과장님, 그리고 최고의 편집자 권근희 부장님께도 감사의 말씀을 전합니다. 끝으로 우리 어린이들이 세계와 소통하는 국제인으로서 배려와 나눔을 실천하는, 더불어 사는 사람으로 성장해 주길 소망합니다.

초등학교 생활 중국어 편찬위원회

구성과 특징

생생한 사진으로
중국 문화를 살펴봐요!

MP3를 들으며 대화를
따라 읽어 보세요!

단어를 성모, 운모, 성조에 유의하여
정확한 발음으로 연습해 보세요!

第 dì 제 [숫자 앞에 쓰여 차례를

课 kè 수업

上课 shàngkè 수업하다

不太 bú tài 별로 ~하지 않

미리 살펴봐요!

Wénhuà
중국을 알아 봐요

새 단원의 공부를 시작하기 전에
단원 내용과 연관된 중국 문화 이야기를
생생한 사진과 함께 읽어 봅니다.

첫 번째시간

Dú yi dú
따라 읽어 봐요

다양한 상황에서 이루어지는 대화를 통해
단원의 핵심 표현을 익힐 수 있습니다.
원어민의 정확한 발음을 들으며 따라 읽어
보면 실력이 쑥쑥 올라갑니다.

두 번째시간

Shuō yi shuō
바꿔서 말해 봐요

앞에서 배운 핵심 표현을 정리하고
다양하게 바꾸어 말해 보면서
활용 능력을 키웁니다.

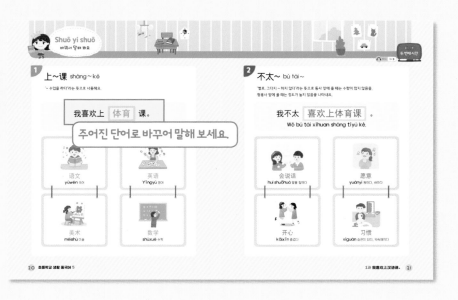

주어진 단어로 바꾸어 말해 보세요

Wán yi wán
중국어로 놀아요

중국어를 사용하여 재미있는 모둠 활동을 해 보면서
자연스럽게 복습할 수 있도록 구성하였습니다.

Xiě yi xiě
바르게 따라 써 봐요

이 과에서 배운 단어로 간화자 쓰기를 연습합니다.
획순에 주의하며 예쁘게 따라 써 보세요.

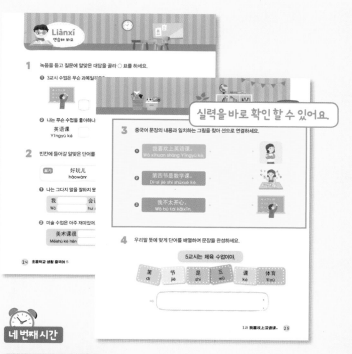

실력을 바로 확인할 수 있어요

사자성어 이야기를
만화로 읽어 봐요

Liànxí
연습해 봐요

혼자서도 쉽게 풀 수 있는 문제로 구성하였습니다.
이 과에서 배운 내용을 떠올리며,
스스로 실력을 확인해 보면 좋습니다.

Chéngyǔ
재미있는 사자성어

한 단원을 마치고 쉬어 가면서
재미있는 사자성어 이야기를 읽어 봅니다.
만화로 구성되어 더욱 재미있어요.

⭐ 무료 다운로드 방법

넥서스 홈페이지(nexusbook.com) ➡ 도서명 검색 ➡ MP3 / 부가 자료 다운로드

1 MP3 음원

중국 원어민이 녹음한 음원을
들으며 연습할 수 있습니다.

2 단어 암기 동영상

단어도 이제는 영상으로 공부!
지루하지 않게 암기할 수 있습니다.

3 한어병음 결합표

b+ai

한어병음을 한눈에!
벽에 붙여 놓고 외우면 끝입니다.

4 단어장

언제 어디서든 간편하게
휴대하며 외울 수 있습니다.

5 간화자 쓰기 노트

国

본문에 나온 단어의 기본 글자를
획순과 함께 익힙니다.

QR 코드로 간편하게 MP3 듣기

스마트폰으로
QR코드를 스캔하세요!

차례

단어 한눈에 보기

1과

第 dì 제 [숫자 앞에 쓰여 차례를 뜻함]

节 jié 교시, 단락, 마디 [양사]

是 shì ~이다

课 kè 수업

体育 tǐyù 체육

喜欢 xǐhuan 좋아하다

上课 shàngkè 수업하다

很 hěn 아주, 매우

好玩儿 hǎowánr 재미있다

不太 bú tài 별로 ~하지 않다

汉语 Hànyǔ 중국어

语文 yǔwén 국어

英语 Yīngyǔ 영어

美术 měishù 미술

数学 shùxué 수학

会 huì ~을 잘하다

说话 shuōhuà 말하다

愿意 yuànyì 원하다, 바라다

开心 kāixīn 즐겁다

习惯 xíguàn 습관이 되다, 익숙해지다

2과

铅笔 qiānbǐ 연필

不 bù 아니다

见 jiàn 보이다

看见 kànjiàn 보이다, 눈에 띄다

没 méi ~않다

一起 yìqǐ 함께, 같이

找 zhǎo 찾다

对 duì 맞다

把 bǎ ~을(를)

东西 dōngxi 물건

放 fàng 놓다, 두다

好 hǎo 잘 마무리함을 나타냄

等 děng 기다리다

打扫 dǎsǎo 청소하다

运动 yùndòng 운동하다

努力 nǔlì 노력하다

书 shū 책

本子 běnzi 공책

橡皮 xiàngpí 지우개

铅笔盒 qiānbǐhé 필통

3과

画 huà 그리다

漫画 mànhuà 만화

哇 wā 와 [감탄사]

真 zhēn 정말(로)

棒 bàng 훌륭하다, 뛰어나다

像~一样 xiàng ~ yíyàng 마치 ~ 같다

漫画家 mànhuàjiā 만화가

谢谢 xièxie 감사합니다

想 xiǎng ~하고 싶다

当 dāng ~이 되다

歌手 gēshǒu 가수

厨师 chúshī 요리사

做 zuò 하다, 만들다

作家 zuòjiā 작가

写 xiě (글씨를) 쓰다

演员 yǎnyuán 배우

演 yǎn 연기하다

钢琴家 gāngqínjiā 피아니스트

弹 tán 연주하다

设计师 shèjìshī 디자이너

记者 jìzhě 기자

播音员 bōyīnyuán 아나운서

歌手 gēshǒu 가수

4과

这么 zhème 이렇게

多 duō 많다

菜 cài 음식, 요리

看起来 kànqǐlái 보아하니, 보기에

好吃 hǎochī 맛있다

麻婆豆腐 mápódòufu 마파두부

有点儿 yǒudiǎnr 조금, 약간

辣 là 맵다

能 néng ~할 수 있다

吃 chī 먹다

特别 tèbié 특히

快 kuài 빨리, 어서

尝 cháng 맛보다

漂亮 piàoliang 예쁘다

简单 jiǎndān 간단하다

远 yuǎn 멀다

慢 màn 느리다

咸 xián 짜다

酸 suān 시다

甜 tián 달다

苦 kǔ 쓰다

5과

今天 jīntiān 오늘
要 yào ~할 것이다
考试 kǎoshì 시험 보다
大家 dàjiā 여러분
准备 zhǔnbèi 준비하다
那 nà 그러면
开始 kāishǐ 시작하다
别 bié ~하지 마라
看 kàn 보다
时间 shíjiān 시간
到 dào 이르다, 도달하다
还 hái 아직
完 wán 다하다, 끝나다
老师 lǎoshī 선생님

再 zài 더, 다시
给 gěi ~에게
分钟 fēnzhōng
　　분 [시간의 길이]
工作 gōngzuò 일하다
旅游 lǚyóu 여행하다
表演 biǎoyǎn 공연하다
爬山 pá shān 등산하다
剪 jiǎn 자르다
贴 tiē 붙이다
擦 cā 닦다
打包 dǎbāo 포장하다

6과

舒服 shūfu 편안하다
嗓子 sǎngzi 목구멍
疼 téng 아프다
从 cóng ~부터
昨天 zuótiān 어제
还有 háiyǒu 그리고, 또한
发烧 fāshāo 열이 나다
感冒 gǎnmào
　　감기(에 걸리다)
按时 ànshí 제때에,
　　제시간에
药 yào 약
就 jiù 곧, 바로
行 xíng 괜찮다, 충분하다
腿 tuǐ 다리

肚子 dùzi 배
牙 yá 이, 치아
腰 yāo 허리
打针 dǎzhēn 주사를 놓다
看病 kànbìng 진찰하다,
　　진찰을 받다
住院 zhùyuàn 입원하다
检查 jiǎnchá 검사하다

7과

和 hé ~와(과)
在 zài ~에 있다 [위치]
校长室 xiàozhǎngshì
　　교장실
卫生室 wèishēngshì
　　보건실
去 qù 가다
走 zǒu 걷다, 가다
往 wǎng ~을 향해서
前 qián 앞
旁边 pángbiān 옆
东边 dōngbian 동쪽
西边 xībian 서쪽
南边 nánbian 남쪽

北边 běibian 북쪽
后边 hòubian 뒤쪽
对面 duìmiàn 맞은편
左边 zuǒbian 왼쪽
右边 yòubian 오른쪽

8과

自行车 zìxíngchē
　　자전거
好像 hǎoxiàng
　　마치 ~과 같다
新 xīn 새롭다, 새로
买 mǎi 사다
骑 qí 타다 [말 타는 자세로
　　탈 때 사용]
回家 huí jiā 집에 가다
坐 zuò (탈것에) 타다
地铁 dìtiě 지하철
明天 míngtiān 내일
见 jiàn 만나다
知道 zhīdào 알다
件 jiàn 건, 가지 [양사]

事 shì 일
外国人 wàiguórén
　　외국인
公共汽车 gōnggòng
　　qìchē 버스
银行 yínháng 은행
飞机 fēijī 비행기
中国 Zhōngguó 중국
火车 huǒchē 기차
家 jiā 집
摩托车 mótuōchē
　　오토바이
超市 chāoshì 슈퍼마켓

과	단원명	학습 목표	활동	성어
1	我喜欢上汉语课。 난 중국어 수업을 좋아해.	• 좋아하고 싫어하는 과목 말하는 표현 익히기 • '上~课'와 '不太'를 사용한 문장 표현 익히기	말판 게임	一举两得 일거양득
2	我的铅笔不见了。 내 연필이 안 보여.	• '吧'를 사용한 문장 표현 익히기 • '把'를 사용한 문장 표현 익히기	문구류 찾기	刮目相看 괄목상대
3	我想当漫画家。 나는 만화가가 되고 싶어.	• '想当'을 사용해 장래 희망 말하기 • '像~一样'을 사용한 문장 표현 익히기	장래 희망 소개하기	大器晚成 대기만성
4	你能吃辣的吗? 너 매운 거 먹을 수 있어?	• 다양한 맛 표현 익히기 • '能'을 사용한 문장 표현 익히기	음식 소개하기	渔翁之利 어부지리
5	今天我们要考试。 오늘은 우리 시험을 볼 거야.	• '要'를 사용한 문장 표현 익히기 • '还没~完'을 사용한 문장 표현 익히기	문장 만들기 게임	贪小失大 소탐대실
6	你哪儿不舒服? 너 어디가 불편해?	• 아플 때 사용하는 표현 익히기	암호 풀기 게임	亡羊补牢 망양보뢰
7	去校长室怎么走? 교장실은 어떻게 가?	• '往'과 '在'를 사용한 방향과 위치 표현 익히기	눈 가리고 길 찾아가기	守株待兔 수주대토
8	我坐地铁回家。 난 지하철 타고 집에 가.	• 다양한 교통수단 표현 익히기 • '好像'을 사용한 문장 표현 익히기	주사위 놀이	拔苗助长 발묘조장

🕐 시간 배당 각 과 4차시씩 총 32차시

6권 학습 목표 미리 보기

과	단원명	학습 목표	활동	성어
1	我养一只狗。 나는 강아지 키워.	• 시간의 길고 짧음을 나타내는 시량 보어를 사용한 문장 표현 익히기 • '又~又~'를 사용한 문장 표현 익히기	종이컵 문장 만들기	画龙点睛 화룡점정
2	我经常上网。 나는 인터넷을 자주 해.	• '不但~而且~'를 사용한 문장 표현 익히기 • '给'를 사용한 문장 표현 익히기	단어 전달하기	鹤立鸡群 군계일학
3	我要买一双运动鞋。 나는 운동화 한 켤레 사려고 해.	• 사물의 수량을 나타내는 양사 익히기 • 중국의 화폐 단위 '元(块)', '角(毛)', '分' 익히기	시장 놀이	刻舟求剑 각주구검
4	你汉语说得不错。 너는 중국어를 잘하는구나.	• '得'를 사용하여 정도를 나타내는 문장 표현 익히기 • '是~的'를 사용하여 지난 일을 강조하는 문장 표현 익히기	잰말놀이	磨杵成针 마저성침
5	我打算在家休息。 나는 집에서 쉬려고 해.	• '打算'를 사용하여 미래의 계획을 나타내는 문장 표현 익히기 • 연동문 익히기	연휴 계획 세우기	桃园结义 도원결의
6	那你来点菜吧! 그러면 네가 주문해!	• '来'를 사용한 문장 표현 익히기 • '~过~次'를 사용하여 경험과 횟수를 나타내는 문장 표현 익히기	나만의 레시피 만들기	愚公移山 우공이산
7	你的手机号码是多少? 네 핸드폰 번호는 몇 번이야?	• '好好儿'를 사용한 문장 표현 익히기 • '可以~吗?'를 사용하여 허가를 묻는 문장 표현 익히기	연락처 완성하기	孟母三迁 맹모삼천
8	我觉得这首歌很好听。 나는 이 노래가 아주 듣기 좋다고 생각해.	• '因为~所以~'를 사용한 문장 표현 익히기 • 이유를 묻는 문장 표현 익히기	개사곡 만들기	塞翁失马 새옹지마

시간 배당 각 과 4차시씩 총 32차시

✏️ 5권에서는 5학년이 된 친구들의 이야기가 펼쳐집니다. 중국에서 학교를 다니며 중국어 실력이 쑥쑥 오른 아리와 유준이, 그리고 중국 친구 징징이와 베이베이를 만나러 함께 가 볼까요?

아리Ālǐ
한국인, 초등학교 5학년

활발하고 명랑한 아리는 중국어 공부에 푹 빠졌어요.

유준Yǒujùn
한국인, 초등학교 5학년

씩씩한 유준이는 중국의 모든 것에 관심이 많아요.

베이베이Bèibei
중국인, 초등학교 5학년

엉뚱하지만 친절한 베이베이는 친구들의 중국어 공부를 도와줘요.

징징Jīngjing
중국인, 초등학교 5학년

똑똑하고 귀여운 징징이는 아리와 유준이의 단짝 친구예요.

왕왕이

1과 我喜欢上汉语课。
난 중국어 수업을 좋아해.

Wénhuà
중국을 알아 봐요

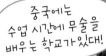

중국에는 수업 시간에 무술을 배우는 학교가 있대!

☀️ 중국의 무술 학교

〈쿵푸 팬더〉라는 만화 영화를 본 적이 있나요? 여기서 '쿵푸'는 중국 무술을 가리키는 말인데, 다른 말로는 '우슈'라고도 해요. 중국에는 무술을 가르치는 무술 학교가 있답니다. 특히 1500년의 역사와 전통을 가진 소림 무술을 가르치는 소림사 무술 학교가 유명해요. 1982년 〈소림사(少林寺 Shàolínsì)〉라는 무술 영화가 유명해지면서, 중국 각지에서 무술을 배우려는 사람들이 소림사 무술 학교로 몰려들었다고 해요. 무술 학교에 다니는 학생들은 기숙사 생활을 하면서 교과목으로 다양한 무술 권법을 배우고 연습하고 있어요.

🎧 MP3 1-1

我喜欢上体育课。
Wǒ xǐhuan shàng tǐyù kè.

体育课很好玩儿。你呢?
Tǐyù kè hěn hǎowánr. Nǐ ne?

我不太喜欢上体育课。
Wǒ bú tài xǐhuan shàng tǐyù kè.

我喜欢上汉语课。
Wǒ xǐhuan shàng Hànyǔ kè.

단어를 익혀요! 🎧 MP3 1-2

第 dì 제 [숫자 앞에 쓰여 차례를 뜻함]

课 kè 수업

上课 shàngkè 수업하다

不太 bú tài 별로 ~하지 않다

节 jié 교시, 단락, 마디 [양사]

体育 tǐyù 체육

很 hěn 아주, 매우

汉语 Hànyǔ 중국어

是 shì ~이다

喜欢 xǐhuan 좋아하다

好玩儿 hǎowánr 재미있다

Shuō yi shuō
바꿔서 말해 봐요

1

上～课 shàng～kè

'～ 수업을 하다'라는 뜻으로 사용해요.

我喜欢上 体育 课。

Wǒ xǐhuan shàng tǐyù kè.

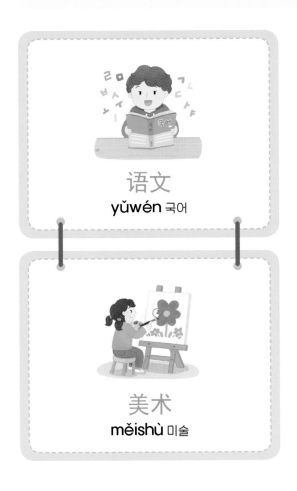

语文
yǔwén 국어

美术
měishù 미술

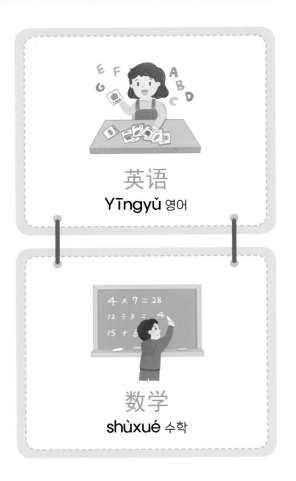

英语
Yīngyǔ 영어

数学
shùxué 수학

MP3 1-3

2 不太~ bú tài~

'별로, 그다지 ~ 하지 않다'라는 뜻으로 동사 앞에 올 때는 수량이 많지 않음을,
형용사 앞에 올 때는 정도가 높지 않음을 나타내요.

我不太 喜欢上体育课 。
Wǒ bú tài xǐhuan shàng tǐyù kè.

会说话
huì shuōhuà 말을 잘하다

开心
kāixīn 즐겁다

愿意
yuànyì 원하다, 바라다

习惯
xíguàn 습관이 되다, 익숙해지다

Wán yi wán
중국어로 놀아요

말판 게임

105쪽 오리기 활용

준비물 말판, 주사위

1 부록에 있는 말판에 이 과에서 배운 과목 이름을 섞어서 적어요.

2 짝꿍과 가위바위보를 해서 던질 사람을 정해요.

3 이긴 사람이 먼저 주사위를 던져서, 주사위에 나온 숫자만큼 말을 이동시켜요.

4 도착한 칸의 과목 이름을 넣어 중국어 문장을 말해요.
이때, 파란색 칸은 '喜欢 xǐhuan', 빨간색 칸은 '不喜欢 bù xǐhuan'을 넣어 말해요.
예 '汉语'가 적힌 파란색 칸 도착 ➡ "我喜欢上汉语课。"

5 틀리게 말하면 원래 있던 자리로 말을 돌려놓아야 해요. 먼저 마지막 칸에 도착하면 승리해요.

1 획순에 맞게 한자를 따라 써 보세요.

第第第第第第第第第第第

第
dì
제

体体体休体体体　育育育育育育育育

体育
tǐyù
체육

2 위에서 연습한 단어를 써서 문장을 완성하세요.

一节是什么课?
yī jié shì shénme kè?

一节是　　课。
yī jié shì　　kè.

1 녹음을 듣고 질문에 알맞은 대답을 골라 ○ 표를 하세요.

❶ 3교시 수업은 무슨 과목일까요?

❷ 나는 무슨 수업을 좋아하나요?

英语课		体育课		汉语课	
Yīngyǔ kè		tǐyù kè		Hànyǔ kè	

2 빈칸에 들어갈 알맞은 단어를 보기 에서 골라 써 넣으세요.

보기	好玩儿	喜欢	不太
	hǎowánr	xǐhuan	bú tài

❶ 나는 그다지 말을 잘하지 못해.

我 ____ 会说话。
Wǒ ____ huì shuōhuà.

❷ 미술 수업은 아주 재미있어.

美术课很 ____ 。
Měishù kè hěn ____ .

🎧 MP3 1-4

3 문장의 내용과 일치하는 그림을 찾아 선으로 연결하세요.

① 我喜欢上英语课。
Wǒ xǐhuan shàng Yīngyǔ kè.

② 第四节是数学课。
Dì-sì jié shì shùxué kè.

③ 我不太开心。
Wǒ bú tài kāixīn.

4 우리말 뜻에 맞게 단어를 배열하여 문장을 완성하세요.

5교시는 체육 수업이야.

| 第 dì | 节 jié | 是 shì | 五 wǔ | 课 kè | 体育 tǐyù |

➡

일거양득 | 一举两得
yì jǔ liǎng dé

겉뜻 하나를 들어 둘을 얻는다는 뜻.

속뜻 한 번에 두 가지 이득을 취한 상황에서 하는 말.

유래 진나라 혜문왕 때 사마조라는 신하가 있었어요. 하루는 천하를 얻기 위해 군사를 보내 한나라를 공격하자는 주장이 나왔어요. 이때 사마조의 생각은 달랐어요. 그는 좁은 땅과 가난함을 해결할 일거양득의 제안을 내놓았어요.

2과 我的铅笔不见了。
내 연필이 안 보여.

옛날에는 연필 대신 붓을 썼지. 이렇게 큰 붓을 본 적 있어?

☀ 땅바닥 서예

옛날 사람들은 글씨를 쓰거나 그림을 그릴 때 붓을 사용했어요. 붓은 대나무나 나무로 된 자루 끝에 짐승의 털을 꽂아서 만들고, 먹물이나 물감을 묻혀서 써요. 오늘날에는 글씨를 쓸 때 보통 연필이나 볼펜을 사용하지만, 서예를 할 때는 여전히 붓을 사용하지요.

중국에서 공원이나 한적한 광장에 가면 '땅바닥 서예(地书 dìshū)'를 하는 사람들을 볼 수 있어요. 스펀지로 만든 큰 붓에 물을 묻혀서 바닥에 글씨 연습을 하는 거예요. 종이도 먹물도 필요 없는 매우 친환경적인 취미 활동이라고 할 수 있어요.

MP3 2-1

这是你的铅笔吗?
Zhè shì nǐ de qiānbǐ ma?

对。这是我的铅笔。
Duì. Zhè shì wǒ de qiānbǐ.

你把东西放好。
Nǐ bǎ dōngxi fànghǎo.

단어를 익혀요! MP3 2-2

铅笔 qiānbǐ 연필

看见 kànjiàn 보이다, 눈에 띄다

找 zhǎo 찾다

东西 dōngxi 물건

不 bù 아니다

没 méi ～않다

对 duì 맞다

放 fàng 놓다, 두다

见 jiàn 보이다

一起 yìqǐ 함께, 같이

把 bǎ ～을(를)

好 hǎo 잘 마무리함을 나타냄

1

一起~吧 yìqǐ~ba

'같이 ~하자'라고 제안하거나 권유할 때 사용해요.

我们一起 **找** 吧。

Wǒmen yìqǐ zhǎo ba.

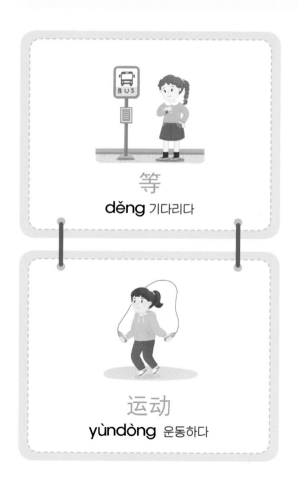

等
děng 기다리다

打扫
dǎsǎo 청소하다

运动
yùndòng 운동하다

努力
nǔlì 노력하다

2 把～放好 bǎ ~ fànghǎo

'(사물)을 잘 두어라'라고 말할 때 사용하고, (사물)을 강조하는 느낌이 있어요.
여기서 '好 hǎo'는 동작의 결과가 잘 마무리되었다는 의미로 사용해요.

你把 东西 放好。

Nǐ bǎ dōngxi fànghǎo.

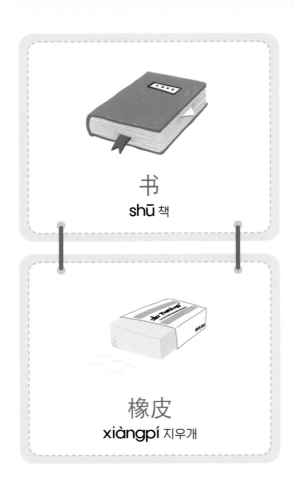

书
shū 책

橡皮
xiàngpí 지우개

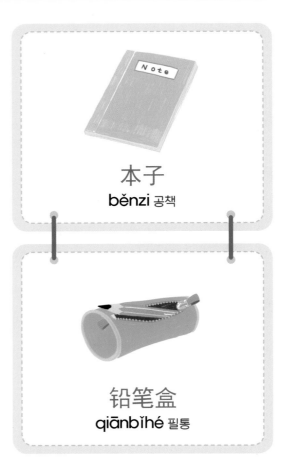

本子
běnzi 공책

铅笔盒
qiānbǐhé 필통

Wán yi wán
중국어로 놀아요

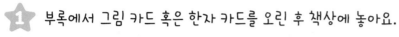

문구류 찾기

107쪽 오리기 활용

준비물 그림 카드, 한자 카드

⭐1 부록에서 그림 카드 혹은 한자 카드를 오린 후 책상에 놓아요.

⭐2 두세 모둠으로 나눠 모둠별로 순서를 정해요.

⭐3 각 모둠의 1번 친구들이 선생님의 발음을 듣고, 그림 카드 혹은 한자 카드를 먼저 찾아 들면 점수를 획득해요.

⭐4 각 모둠의 모둠원들이 순서대로 돌아가면서 하고 가장 많은 점수를 획득한 모둠이 이겨요.

응용

① 그림 카드 혹은 한자 카드를 칠판에 붙이고, 각 모둠의 대표가 나와 앞에 서요.

② 선생님이 말하는 문장을 듣고 그 단어를 먼저 터치하면 점수를 획득해요.

예 "这是我的铅笔。Zhè shì wǒ de qiānbǐ." ➡ '铅笔' 그림 카드 혹은 한자 카드 터치하기

1 획순에 맞게 한자를 따라 써 보세요.

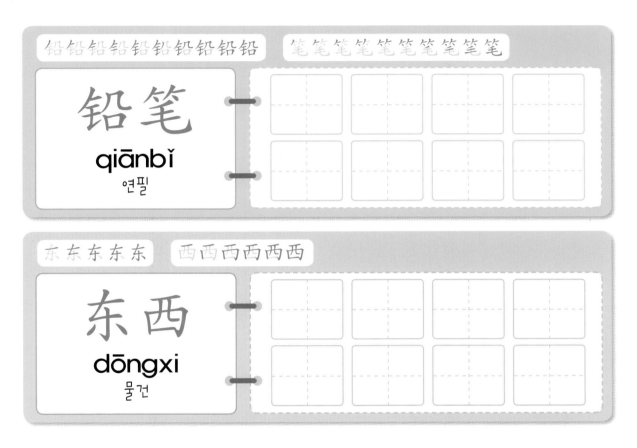

铅铅铅铅铅铅铅铅铅铅　笔笔笔笔笔笔笔笔笔笔笔

铅笔
qiānbǐ
연필

东东东东东　西西西西西西

东西
dōngxi
물건

2 위에서 연습한 단어를 써서 문장을 완성하세요.

这是我的　　　。
Zhè shì wǒ de　　　.

你把　　　放好。
Nǐ bǎ　　　fànghǎo.

Liànxí
연습해 봐요

1 녹음을 듣고 질문에 알맞은 대답을 골라 ○ 표를 하세요.

❶ 없어진 물건은 무엇일까요?

❷ 무엇을 잘 두라고 했을까요?

橡皮　　　铅笔　　　铅笔盒
xiàngpí　　qiānbǐ　　qiānbǐhé

2 그림의 상황에 맞는 문장을 찾아 ○ 표를 해 보세요.

❶

我们一起打扫吧。
Wǒmen yìqǐ dǎsǎo ba.

我们一起找吧。
Wǒmen yìqǐ zhǎo ba.

❷

我们一起等吧。
Wǒmen yìqǐ děng ba.

我们一起运动吧。
Wǒmen yìqǐ yùndòng ba.

3 아리와 징징이가 가지고 있는 문구류를 서로 비교해 보고, 서로에게 없는
문구류가 무엇인지 보기 에서 찾아 써 넣으세요.

| 보기 | 铅笔
qiānbǐ | 铅笔盒
qiānbǐhé | 书
shū | 本子
běnzi |

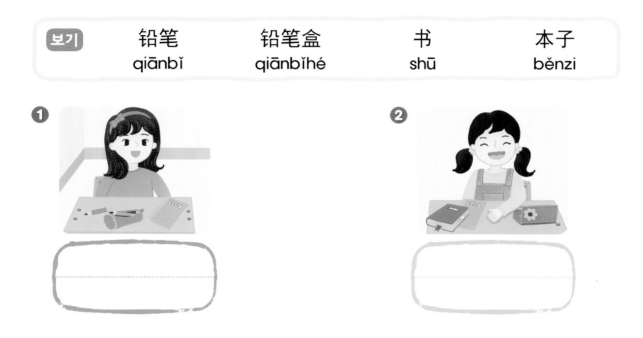

4 우리말 뜻에 맞게 단어를 배열하여 문장을 완성하세요.

내 필통이 안 보여.

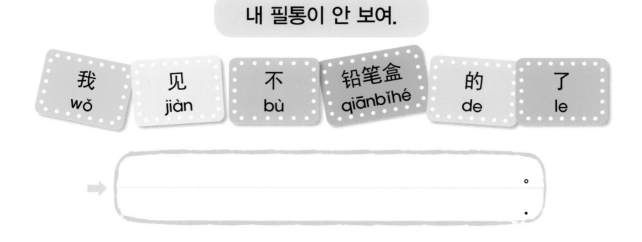

我 wǒ   见 jiàn   不 bù   铅笔盒 qiānbǐhé   的 de   了 le

→

괄목상대 | 刮目相看
guā mù xiāng kàn

겉뜻 눈을 비비고 다시 본다는 뜻.

속뜻 다른 사람의 실력이나 능력이 눈에 띄게 향상되고 발전했을 때 이르는 말.

유래 오나라에 용감하지만 학문이 부족한 여몽이라는 장군이 있었어요. 왕이 여몽에게 공부를 하라고 충고하자, 여몽은 충고를 받아들여 밤낮없이 책을 보며 열심히 공부했어요. 그러던 어느 날 오나라 재상인 노숙이 여몽을 찾아왔다가, 여몽의 학문이 진보한 것에 깜짝 놀랐어요. 학문까지 훌륭해진 여몽은 훗날 관우가 지키던 형주를 점령하는 큰 업적을 이뤘어요.

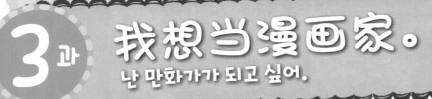

3과 我想当漫画家。
난 만화가가 되고 싶어.

Wénhuà
중국을 알아 봐요

중국에는
특이한 직업이
많다고 해.

Good luck!

중국의 특이한 직업

중국에는 다양한 이색 직업이 많이 생기고 있다고 해요. 그중 하나는 '포춘 쿠키' 작가예요. 포춘 쿠키는 운세나 좋은 글귀가 쓰인 종이가 들어 있는 과자로, 중국에서 많이 볼 수 있어요. 이 포춘 쿠키에 들어갈 글을 쓰는 작가도 하나의 직업이 되었어요. 또 하나는 달리기 파트너라는 직업이에요. 다이어트나 건강을 위해서 달리기를 할 때 옆에서 함께 뛰어 주는 사람인데, 힘들어도 포기하지 않도록 도움을 준다고 해요. 그 밖에 복잡한 곳에서 길을 안내해 주는 길 안내인(带路人 dàilùrén)이나 사투리가 심한 사람들의 의사소통을 도와주는 사투리 통역사도 있어요.

这是我画的漫画。怎么样？
Zhè shì wǒ huà de mànhuà. Zěnmeyàng?

哇，真棒!
Wā, zhēn bàng!

这像漫画家画的一样。
Zhè xiàng mànhuàjiā huà de yíyàng.

MP3 3-1

 谢谢。我想当漫画家。
Xièxie. Wǒ xiǎng dāng mànhuàjiā.

你想当什么？
Nǐ xiǎng dāng shénme?

 我想当歌手。
Wǒ xiǎng dāng gēshǒu.

단어를 익혀요! MP3 3-2

画 huà 그리다	漫画 mànhuà 만화	哇 wā 와 [감탄사]
真 zhēn 정말(로)	棒 bàng 훌륭하다, 뛰어나다	像~一样 xiàng ~ yíyàng 마치 ~ 같다
漫画家 mànhuàjiā 만화가	谢谢 xièxie 감사합니다	想 xiǎng ~하고 싶다
当 dāng ~이 되다	歌手 gēshǒu 가수	

Shuō yi shuō

바꿔서 말해 봐요

1 像~一样 xiàng ~ yíyàng

'마치 ~ 같다'라는 뜻으로 모양, 상태 등이 서로 비슷하거나 같음을 나타낼 때 사용해요.

这像 漫画家画的 一样。
Zhè xiàng mànhuàjiā huà de yíyàng.

厨师做的
chúshī zuò de 요리사가 만든 것

演员演的
yǎnyuán yǎn de 배우가 연기한 것

作家写的
zuòjiā xiě de 작가가 쓴 것

钢琴家弹的
gāngqínjiā tán de
피아니스트가 연주한 것

2 想当~ xiǎng dāng ~

'~이 되고 싶다'라는 뜻으로, 일반적으로 장래 희망을 말할 때 사용해요.

我想当 漫画家 。

Wǒ xiǎng dāng mànhuàjiā.

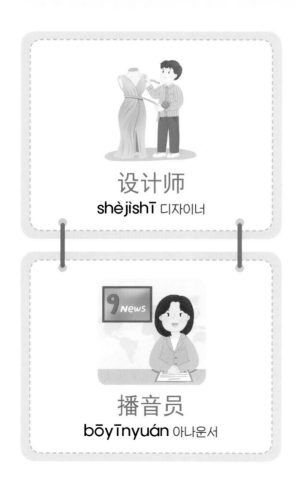

设计师
shèjìshī 디자이너

记者
jìzhě 기자

播音员
bōyīnyuán 아나운서

歌手
gēshǒu 가수

Wán yi wán
중국어로 놀아요

장래 희망 소개하기

1 A4 용지나 색지에 되고 싶거나 소개하고 싶은 직업 한 가지를 적고 꾸며 봐요.

2 직업명은 중국어와 한국어 둘 다 써 주세요.

3 다 꾸민 직업 소개를 보며 친구들에게 '나의 장래 희망'을 중국어로 소개해 봐요.

예 我想当记者。Wǒ xiǎng dāng jìzhě. 나는 기자가 되고 싶어.

보충 단어

科学家 kēxuéjiā 과학자	医生 yīshēng 의사	警察 jǐngchá 경찰
公务员 gōngwùyuán 공무원	律师 lǜshī 변호사	乘务员 chéngwùyuán 승무원
公司职员 gōngsī zhíyuán 회사원		

직업 이름 记者 jìzhě 기자

직업 소개 사회에서 일어나는 각종 사건 사고와 정치, 경제적 이슈를 취재하여 사람들에게 알려 준다.

나의 느낌 다양한 현장에서 보고 들으면서 많은 것을 직접 느낄 수 있어서 매력적이다.

我想当记者。

1 획순에 맞게 한자를 따라 써 보세요.

想想想想想想想想想想想想想

想
xiǎng
~하고 싶다

当当当当当当

当
dāng
~이 되다

2 위에서 연습한 단어를 써서 문장을 완성하세요.

你 [ ] [ ] 什么?
Nǐ shénme?

我 [ ] [ ] 歌手。
Wǒ gēshǒu.

1 녹음을 듣고 질문에 알맞은 대답을 골라 ○ 표를 하세요.

① 나는 무엇을 보여 주고 있나요?

 ☐

 ☐

 ☐

② 나의 장래 희망은 무엇일까요?

歌手　☐
gēshǒu

漫画家　☐
mànhuàjiā

播音员　☐
bōyīnyuán

2 그림을 보고 알맞은 단어를 골라 ○ 표를 해 보세요.

①

这像　厨师｜演员　演的一样。
Zhè xiàng　chúshī｜yǎnyuán　yǎn de yíyàng.

②

这像　钢琴家｜作家　弹的一样。
Zhè xiàng　gāngqínjiā｜zuòjiā　tán de yíyàng.

3 문장의 내용과 일치하는 그림을 찾아 ○ 표를 하세요.

❶ 我想当记者。 Wǒ xiǎng dāng jìzhě.

❷ 这像厨师做的一样。 Zhè xiàng chúshī zuò de yíyàng.

4 우리말 뜻에 맞게 단어를 배열하여 문장을 완성하세요.

이것은 내가 그린 만화야.

这 zhè　的 de　画 huà　我 wǒ　漫画 mànhuà　是 shì

→ _____ 。

대기만성 | 大器晚成
dà qì wǎn chéng

겉뜻 큰 그릇은 늦게 만들어진다는 뜻.

속뜻 훌륭한 사람이 되기 위해서는 많은 노력과 시간이 필요하다는 말. 크게 될 사람은 늦게라도 성공한다는 의미로 사용.

유래 삼국 시대 위나라에 최염이라는 용감하고 훌륭한 장군이 있었어요. 그에게는 최림이라는 사촌동생이 있었는데, 최염과는 달리 약하고 조용한 성격이었어요. 하지만 최염은 이런 최림의 재능을 일찍이 알아보고 응원해 주었어요. 최림은 그 말에 힘을 얻어 포기하지 않고 끝까지 노력해서 나중에 큰 공을 세워 훌륭한 자리에 올랐어요.

4과 你能吃辣的吗？
너 매운 거 먹을 수 있어?

Wénhuà
중국을 알아 봐요

중국은 음식 종류도 많고 맛있는 게 참 많아!

☀️ **다채로운 음식 문화**

중국은 땅이 넓고 기후와 식재료가 다양하기 때문에, 지역마다 고유한 음식 문화를 가지고 있어요. 그중 대표적인 베이징 요리, 광둥 요리, 상하이 요리, 쓰촨 요리를 중국의 4대 요리라고 불러요. 기름진 음식과 면 요리가 발달한 베이징의 대표 요리는 베이징식 오리구이(北京烤鸭 Běijīng kǎoyā)이고, 날씨가 따뜻하고 식재료가 풍부한 광둥은 돼지고기 양념구이(叉烧肉 chāshāoròu), 해산물 요리가 발달한 상하이는 털게찜(大闸蟹 dàzháxiè), 매운맛이 강한 쓰촨은 마파두부(麻婆豆腐 mápódòufu)가 유명해요.

MP3 4-1

你能吃辣的吗？
Nǐ néng chī là de ma?

我能吃辣的。
Wǒ néng chī là de.

我特别喜欢吃麻婆豆腐。
Wǒ tèbié xǐhuan chī mápódòufu.

我们快尝尝吧。
Wǒmen kuài chángchang ba.

단어를 익혀요! MP3 4-2

这么 zhème 이렇게

看起来 kànqǐlái 보아하니, 보기에

有点儿 yǒudiǎnr 조금, 약간

吃 chī 먹다

尝 cháng 맛보다

多 duō 많다

好吃 hǎochī 맛있다

辣 là 맵다

特别 tèbié 특히

菜 cài 음식, 요리

麻婆豆腐 mápódòufu 마파두부

能 néng ~할 수 있다

快 kuài 빨리, 어서

1

看起来 kànqǐlái

'보아하니 ~하다, 보기에 ~하다'라는 뜻으로, 관찰을 통한 판단을 표현할 때 사용해요.

看起来真 好吃 。

Kànqǐlái zhēn hǎochī.

漂亮
piàoliang 예쁘다

远
yuǎn 멀다

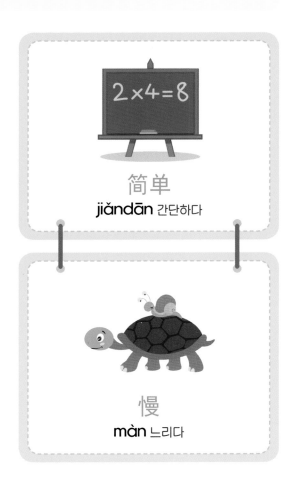

简单
jiǎndān 간단하다

慢
màn 느리다

2 能 néng

'할 수 있다'라는 뜻으로 사용해요. 행동을 나타내는 단어 앞에 쓰여서 능력을 나타내요.

你能吃 辣 的吗?
Nǐ néng chī là de ma?

咸
xián 짜다

酸
suān 시다

甜
tián 달다

苦
kǔ 쓰다

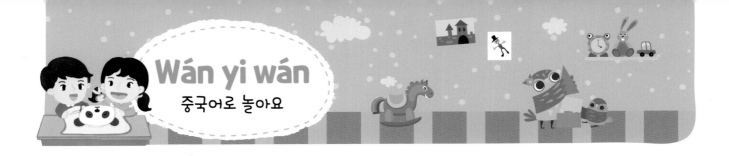

Wán yi wán
중국어로 놀아요

 음식 소개하기

1. 4가지 맛에 해당하는 한국 음식과 중국 음식을 각각 1개씩 조사해요.

2. 중국 음식은 중국어 이름을 알아 와요.

3. 각각의 음식 사진을 오려서 붙이거나 그림으로 그려 넣어요.

4. 모둠별로 조사한 내용을 발표해요.

5. 각각의 음식과 맛을 소개해요. 또한 '看起来 kànqǐlái'와 '能 néng'을 사용하여 문장을 만들어 발표해요.

과제 예시

맛	한국 음식	중국 음식
매운맛	떡볶이	麻婆豆腐 mápódòufu
단맛		
짠맛		
신맛		

중국의 매운 음식에는 "麻婆豆腐"가 있어요.

Xiě yi xiě
바르게 따라 써 봐요

세 번째 시간

1 획순에 맞게 한자를 따라 써 보세요.

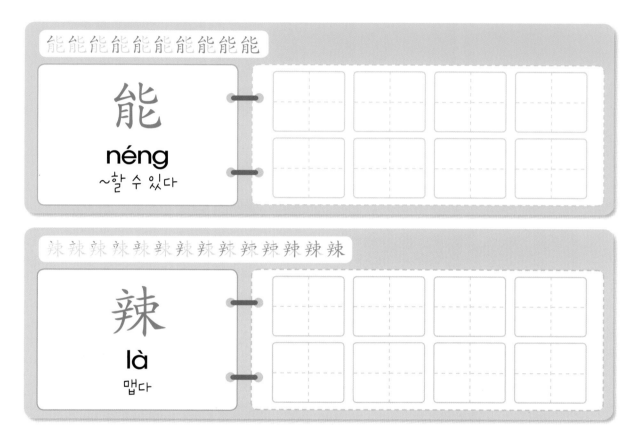

能能能能能能能能能能

能
néng
~할 수 있다

辣辣辣辣辣辣辣辣辣辣辣辣辣辣

辣
là
맵다

2 위에서 연습한 단어를 써서 문장을 완성하세요.

你 [ ] 吃 [ ] 的吗?
Nǐ [ ] chī [ ] de ma?

我 [ ] 吃 [ ] 的。
Wǒ [ ] chī [ ] de.

1 녹음을 듣고 질문에 알맞은 대답을 골라 ◯ 표를 하세요.

❶ 내가 먹을 수 있는 음식은 어떤 음식일까요?

❷ 이 요리는 어떤 맛인가요?

苦	辣	甜
kǔ	là	tián

2 그림을 보고 알맞은 단어를 골라 ◯ 표를 하세요.

❶

这是什么 酸 苦 菜 ?
Zhè shì shénme là kǔ cài ?

❷

看起来真 漂亮 远 甜 。
Kànqǐlái zhēn piàoliang yuǎn tián .

3 힌트 를 보고 퍼즐의 빈칸을 채우세요.

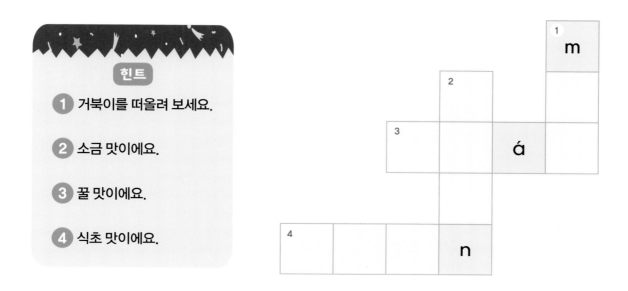

힌트

① 거북이를 떠올려 보세요.

② 소금 맛이에요.

③ 꿀 맛이에요.

④ 식초 맛이에요.

4 우리말 뜻에 맞게 단어를 배열하여 문장을 완성하세요.

정말 맛있어 보인다.

真
zhēn

看起来
kànqǐlái

好吃
hǎochī

→ _____ 。

어부지리 | 渔翁之利
yú wēng zhī lì

겉뜻 어부가 얻게 된 이익이라는 뜻.

속뜻 둘이 서로 싸우는 사이에 제삼자가 이득을 얻게 된 경우에 이르는 말.

유래 연나라에 흉년이 들자 조나라의 혜문왕은 연나라를 치려고 했어요. 이 소문을 들은 연나라 소왕은 현명한 소대를 조나라로 보내 혜문왕을 설득하게 했어요. 소대의 지혜로움으로 연나라는 침략을 막을 수 있었어요.

5과 今天我们要考试。
오늘은 우리 시험을 볼 거야.

Wénhuà
중국을 알아 봐요

> 중국에도 수능 시험과 같은 가오카오가 있어.

중국의 대학 입학 시험

중국에도 대학 입학을 위한 수능 시험이 있는데, 이 시험을 '가오카오 (高考 gāokǎo)'라고 해요. 중국은 우리와 달리 9월에 새 학기가 시작되기 때문에, 수능 시험을 매년 6월 7일부터 9일까지 2~3일 동안 치러요. 총점은 750점으로 지역마다 문제가 조금씩 다르다고 해요.

중국은 인구가 많은 만큼 수능 응시자가 무려 900만 명 이상이나 되기 때문에, 베이징 대학교나 칭화 대학교와 같은 명문대에 들어가고 싶어 하는 학생들의 경쟁이 상당히 치열하답니다.

Dú yi dú
따라 읽어 봐요

今天我们要考试。
Jīntiān wǒmen yào kǎoshì.

大家准备好了吗?
Dàjiā zhǔnbèi hǎo le ma?

准备好了。
Zhǔnbèi hǎo le.

那开始考试吧。别看书。
Nà kāishǐ kǎoshì ba. bié kàn shū.

时间到了。
Shíjiān dào le.

我还没写完。
Wǒ hái méi xiěwán.

老师，再给我五分钟。
Lǎoshī, zài gěi wǒ wǔ fēnzhōng.

단어를 익혀요! MP3 5-2

今天 jīntiān 오늘	要 yào ~할 것이다	考试 kǎoshì 시험 보다	大家 dàjiā 여러분
准备 zhǔnbèi 준비하다	那 nà 그러면	开始 kāishǐ 시작하다	别 bié ~하지 마라
看 kàn 보다	时间 shíjiān 시간	到 dào 이르다, 도달하다	还 hái 아직
完 wán 다하다, 끝나다	老师 lǎoshī 선생님	再 zài 더, 다시	给 gěi ~에게
分钟 fēnzhōng 분 [시간의 길이]			

1

要 yào

'~할 것이다'라는 뜻으로 사용해요. 미래에 무엇을 할 것인지 예정을 나타내요.

今天我们要 考试 。

Jīntiān wǒmen yào kǎoshì.

工作
gōngzuò 일하다

表演
biǎoyǎn 공연하다

旅游
lǚyóu 여행하다

爬山
pá shān 등산하다

2 还没~完 hái méi ~ wán

'아직 (동작)을 완성하지 못했다'라는 뜻으로 사용해요. 여기서 '完 wán'은 동작의 결과가 완성되었다는 의미로 사용해요.

我还没 写 完。

Wǒ hái méi xiěwán.

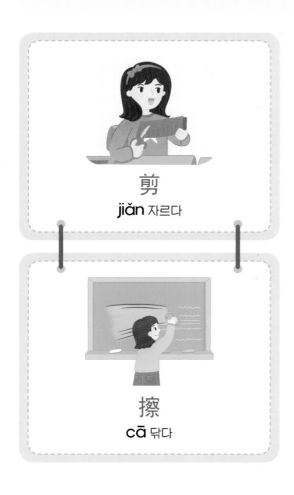

剪
jiǎn 자르다

贴
tiē 붙이다

擦
cā 닦다

打包
dǎbāo 포장하다

Wán yi wán
중국어로 놀아요

문장 만들기 게임

109쪽 오리기 활용

준비물 단어 카드

1. 부록에 있는 단어 카드를 오려요.

2. 선생님이 하는 동작을 보고 단어 카드를 순서대로 배열해서 문장을 만들어요.
(혹은 선생님의 발음을 듣고 카드를 배열해서 문장을 만들어요.)

3. 병음 카드 배열하기 문제와 한자 카드 배열하기 문제를 번갈아 가면서 내요.

4. 가장 먼저 문장을 정확하게 배열하고 문장을 말하는 팀이 1점을 획득해요.

5. 높은 점수를 획득한 팀이 승리해요.

1 획순에 맞게 한자를 따라 써 보세요.

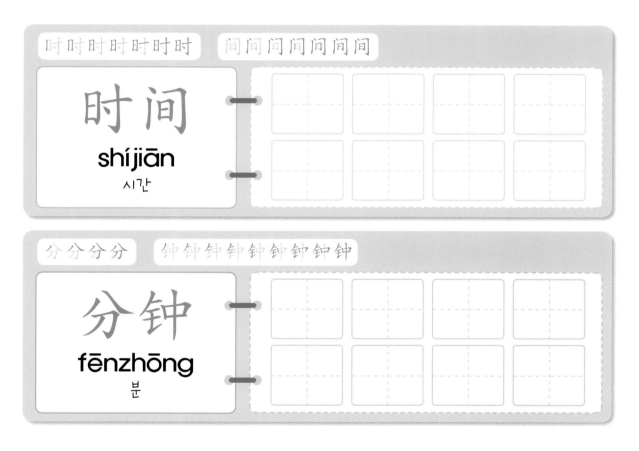

时时时时时时时 　间间间间间间间

时 间
shíjiān
시간

分分分分 　钟钟钟钟钟钟钟钟钟

分 钟
fēnzhōng
분

2 위에서 연습한 단어를 써서 문장을 완성하세요.

到了。
dào le.

老师, 再给我五 　　。
Lǎoshī, zài gěi wǒ wǔ 　　.

Liànxí
연습해 봐요

1 녹음을 듣고 질문에 알맞은 대답을 골라 ○ 표를 하세요.

❶ 오늘은 무엇을 하나요?

 ☐

 ☐

 ☐

❷ 아리는 다 붙였나요?

还没贴好。 ☐
Hái méi tiēhǎo.

贴好了。 ☐
Tiēhǎo le.

2 빈칸에 들어갈 알맞은 단어를 보기 에서 골라 써 넣으세요.

보기	剪	表演	考试	擦
	jiǎn	biǎoyǎn	kǎoshì	cā

❶ 저는 아직 다 못 잘랐어요.

我还没 ☐ 完。
Wǒ hái méi ☐ wán.

❷ 오늘 우리는 시험을 볼 거예요.

今天我们要 ☐ 。
Jīntiān wǒmen yào ☐ .

3 암호판을 보고 암호 문장의 뜻을 쓰세요.

○	▶	◎	◐	♣	●	△	☂
时间	旅游	没	写	放	今天	背	要
shíjiān	lǚyóu	méi	xiě	fàng	jīntiān	bèi	yào

★	☼	▼	☺	■	◇	♥	♫
好	了	我	我们	到	还	吗	完
hǎo	le	wǒ	wǒmen	dào	hái	ma	wán

보기

○ ■ ☼

↓

시간이 다 됐어요.

❶ ▼ ◇ ◎ ◐ ♫ ➡

❷ ● ☺ ☂ ▶ ➡

4 우리말 뜻에 맞게 단어를 배열하여 문장을 완성하세요.

오늘 우리는 등산을 할 거야.

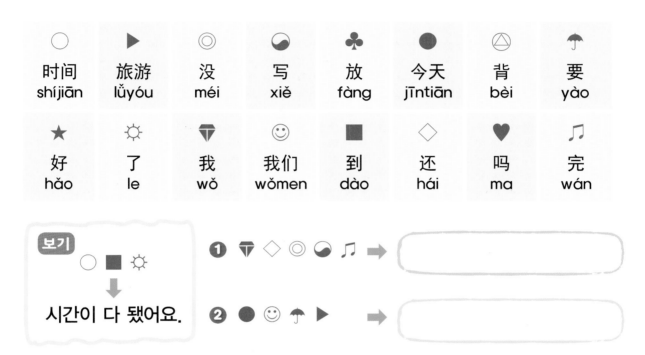

爬山	要	今天	我们
pá shān	yào	jīntiān	wǒmen

➡ _____ 。

Chéngyǔ
재미있는 사자성어

소탐대실 | 贪小失大
tān xiǎo shī dà

겉뜻 작은 것을 욕심내다가 오히려 큰 것을 잃는다는 뜻.

속뜻 눈앞에 보이는 작은 이익에 눈이 멀어 큰 이익이나 소중한 것을 잃게 되는 경우를 이르는 말.

유래 촉나라에는 재물 욕심이 많은 왕이 살았어요. 옆의 진나라 왕은 이를 알고 '황금 똥을 누는 소'가 있다는 소문을 퍼뜨렸어요. 그리고 촉나라에 사신을 보내서 황금 소가 지나갈 수 있는 큰길을 뚫어 주면 황금 소를 선물하겠다고 제안했어요. 촉나라 왕이 이 말을 듣고 큰길을 뚫자 진나라 왕은 그 길을 따라 촉나라로 쳐들어가서 점령하는 데 성공했어요.

6과 你哪儿不舒服?
너 어디가 불편해?

Wénhuà
중국을 알아 봐요

중국 병원은
이름에 숫자가
들어 있네?

 중국의 종합 병원

    중국의 병원은 1등급부터 3등급까지 나눠져 있어요. 1등급 병원의 이름에는 그 지역을 대표하는 대학 이름을 넣고, 2등급과 3등급은 그 지역의 이름 뒤에 순서대로 숫자를 넣어서 '제1 병원(第一医院 dì-yī yīyuàn)', '제2 병원(第二医院 dì-èr yīyuàn)' 등으로 표시해요.

    중국은 우리나라와 달리, 종합 병원에서 약을 받을 때 약값을 먼저 접수 창구에 납부하고 나서 약 처방 창구에 가서 영수증을 보여 준 후 약을 받아요. 또한 점심 식사 후에 낮잠 시간이 있어서 오후 진료는 2시 이후에야 시작하는 병원도 있어요.

Dú yi dú

따라 읽어 봐요

你哪儿不舒服？
Nǐ nǎr bù shūfu?

我嗓子疼。
Wǒ sǎngzi téng.

你从什么时候开始嗓子疼？
Nǐ cóng shénme shíhou kāishǐ sǎngzi téng?

🎧 MP3 6-1

我从昨天开始嗓子疼。
Wǒ cóng zuótiān kāishǐ sǎngzi téng.

今天还有发烧了。
Jīntiān háiyǒu fāshāo le.

你感冒了。按时吃药就行。
Nǐ gǎnmào le. Ànshí chī yào jiù xíng.

단어를 익혀요! 🎧 MP3 6-2

舒服 shūfu 편안하다	嗓子 sǎngzi 목구멍	疼 téng 아프다
从 cóng ~부터	昨天 zuótiān 어제	还有 háiyǒu 그리고, 또한
发烧 fāshāo 열이 나다	感冒 gǎnmào 감기(에 걸리다)	按时 ànshí 제때에, 제시간에
药 yào 약	就 jiù 곧, 바로	行 xíng 괜찮다, 충분하다

Shuō yi shuō
바꿔서 말해 봐요

1

从~开始~ cóng~kāishǐ~

'~부터 ~하기 시작했다'라는 뜻으로 사용해요.

我从昨天开始 嗓子 疼。
Wǒ cóng zuótiān kāishǐ sǎngzi téng.

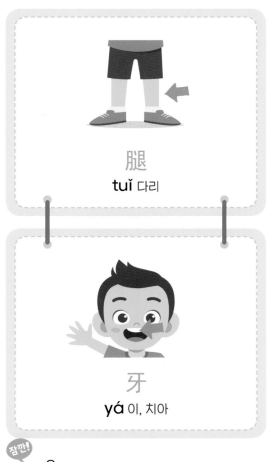

腿
tuǐ 다리

肚子
dùzi 배

牙
yá 이, 치아

腰
yāo 허리

잠깐! 요.

2 按时~就~ ànshí ~ jiù ~

'제때에 ~하면 ~'이라는 뜻으로, 규칙적으로 정해진 시간에 하는 행동을 표현할 때 사용해요.

按时 吃药 就行。
Ànshí chī yào jiù xíng.

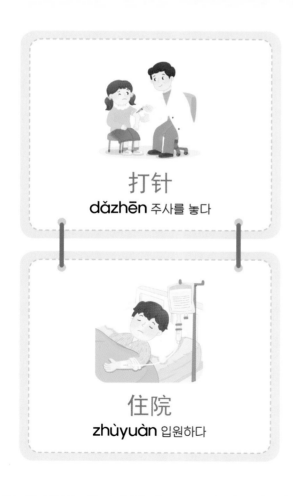

打针
dǎzhēn 주사를 놓다

住院
zhùyuàn 입원하다

看病
kànbìng 진찰하다, 진찰을 받다

检查
jiǎnchá 검사하다

Wán yi wán
중국어로 놀아요

암호 풀기 게임

⭐ 1 모둠별로 아래 암호판을 보고 이 과에서 배운 문장을 암호로 만들어요.

예) 我从昨天开始嗓子疼。 ➡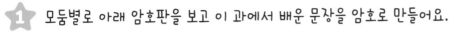

⭐ 2 모둠별로 암호 문제를 5개씩 만들어요.

⭐ 3 완성된 암호 문제를 상대 모둠에게 문제로 제시해요.

⭐ 4 더 많은 암호를 풀이해 낸 모둠이 이겨요. (이때, 제한 시간을 제시해도 좋아요.)

암호판

★	♥	◆	&	∞	☂	■	※
牙	行	肚	你	从	冒	病	不
☯	◈	@	◈	×	✂	▽	𝄞
按	昨	打	舒	我	吃	就	开
☞	➡	♪	†	◐	§	◔	🍎
嗓	感	检	药	天	时	了	子
♠	✳	⚐	◉	♣	☾	☃	☼
疼	始	看	针	哪	儿	服	查

1 획순에 맞게 한자를 따라 써 보세요.

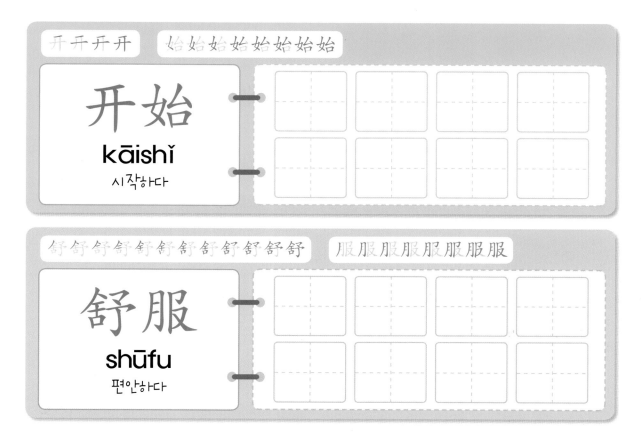

开开开开　始始始始始始始始

开始
kāishǐ
시작하다

舒舒舒舒舒舒舒舒舒舒舒舒　服服服服服服服服

舒服
shūfu
편안하다

2 위에서 연습한 단어를 써서 문장을 완성하세요.

你哪儿不 ⬜⬜ ?
Nǐ nǎr bù ⬜⬜ ?

我从昨天 ⬜⬜ 腰疼。
Wǒ cóng zuótiān ⬜⬜ yāo téng.

1 녹음을 듣고 질문에 알맞은 대답을 골라 ○ 표를 하세요.

❶ 아리는 어디가 아픈가요?

❷ 아리는 언제부터 배가 아팠나요?

从昨天开始。　
Cóng zuótiān kāishǐ.

从今天开始。　
Cóng jīntiān kāishǐ.

2 문장 뜻을 써 보고 관련된 신체 부위에 ○ 표시 후 연결하세요.

❷ 我从昨天开始肚子疼。
Wǒ cóng zuótiān kāishǐ
dùzi téng.

나는 어제부터 배가 아프기 시작했어.

❶ 我腿疼。
Wǒ tuǐ téng.

❸ 我腰疼。
Wǒ yāo téng.

3 보기 의 문장을 표 안에서 찾아 ○ 표를 하세요.

> 보기
> ❶ 제때 약을 먹으면 돼.
> ❷ 나는 어제부터 다리가 아프기 시작했어.
> ❸ 제때에 입원하면 돼.

Wǒ	cóng	zuó	tiān	kāi	shǐ	tuǐ	téng	shì
Nǐ	yāo	shì	Wǒ	Tā	Wǒ	shì	yào	yāo
				Nǐ	yào	àn		
yāo	àn	shí	chī	yào	jiù	xíng		
yào	sǎng	zi	kāi	shì	Tā	cóng		
		Tā	kàn	bìng	jiān	bǎng	Tā	yào
		jiā	àn	shí	zhù	yuàn	jiù	xíng

4 우리말 뜻에 맞게 단어를 배열하여 문장을 완성하세요.

> 오늘은 또 열도 나요.

还有 háiyǒu | 了 le | 今天 jīntiān | 发烧 fāshāo

➡ _____。

Chéngyǔ
재미있는 사자성어

플러스 시간

망양보뢰 | 亡羊补牢
wáng yáng bǔ láo

겉뜻 양을 잃은 후에 양 우리를 고친다는 뜻.

속뜻 이미 일을 그르친 뒤에는 뉘우쳐도 소용이 없음을 이르는 말.

유래 초나라 때 장신이라는 충신이 있었어요. 어느날 왕이 장신의 충언을 듣고 크게 화를 내자, 목숨의 위협을 느낀 장신은 진나라로 망명을 갔어요. 그러던 어느 해에 진나라에서 쳐들어와 전쟁이 일어나자 장신의 충언을 무시했던 왕은 땅을 치며 크게 후회했어요.

去校长室怎么走?
교장실은 어떻게 가?

Wénhuà
중국을 알아 봐요

길을 걸을 때는 이정표를 잘 보고 방향을 확인해요!

 중국의 도로 표지판

중국의 거리에서는 다양한 방향 표시를 볼 수 있어요. 차량이 많은 큰 도로에는 뱅뱅 돌아가는 모양의 IC 우회전 표지판이 있어요. 차량이 많아 한 번에 우회전을 하기 힘들기 때문이에요. 또 중국에는 자전거가 많기 때문에 자전거 차선과 자동차 차선을 구분하는 표지판도 있고, 중앙선을 넘거나 무단 횡단을 하는 사람들을 막기 위한 표지판도 있어요.

그 밖의 재미있는 표지판 중에는, 도로에 쓰레기를 버리지 말라는 뜻으로 바나나 껍질을 버리는 모습을 그린 표지판도 있고, 무거운 물건을 싣지 말라는 뜻으로 차 위에 코끼리를 얹은 모습을 그린 표지판도 있어요.

Dú yi dú

따라 읽어 봐요

阿丽和北北在哪儿?
Ālì hé Běibei zài nǎr?

阿丽在校长室,
Ālì zài xiàozhǎngshì,

北北在卫生室。
Běibei zài wèishēngshì.

校长室

校长室

卫生室

卫生室

 去校长室怎么走？
Qù xiàozhǎngshì zěnme zǒu?

 往前走就是校长室。
Wǎng qián zǒu jiù shì xiàozhǎngshì.

 卫生室在哪儿？
Wèishēngshì zài nǎr?

 卫生室在校长室的旁边。
Wèishēngshì zài xiàozhǎngshì de pángbiān.

단어를 익혀요! 🎧 MP3 7-2

和 hé ~와(과)	在 zài ~에 있다 [위치]	校长室 xiàozhǎngshì 교장실
卫生室 wèishēngshì 보건실	去 qù 가다	走 zǒu 걷다, 가다
往 wǎng ~을 향해서	前 qián 앞	旁边 pángbiān 옆

바꿔서 말해 봐요

1

往~走 wǎng ~ zǒu

'~ 쪽으로 가다'라는 뜻으로, 방향을 나타낼 때 사용해요.

往 前 走就是校长室。
Wǎng qián zǒu jiù shì xiàozhǎngshì.

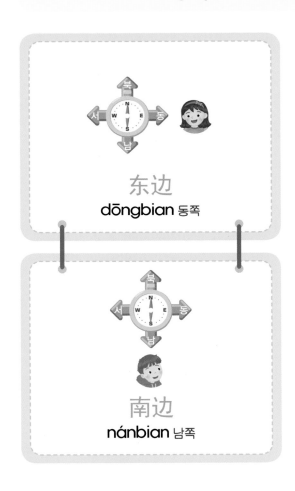

东边
dōngbian 동쪽

南边
nánbian 남쪽

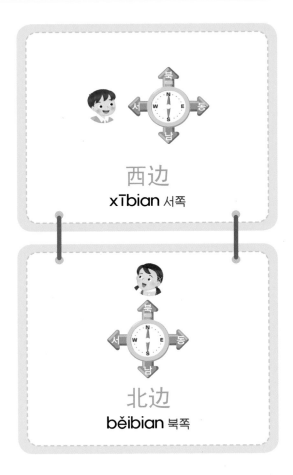

西边
xībian 서쪽

北边
běibian 북쪽

🎧 MP3 7-3

2 在A的B zài A de B

'A(장소)의 B(방향)에 있다'라는 뜻으로, 구체적인 위치를 알려 줄 때 사용해요.

卫生室在校长室的 旁边 。

Wèishēngshì zài xiàozhǎngshì de pángbiān.

后边
hòubian 뒤쪽

左边
zuǒbian 왼쪽

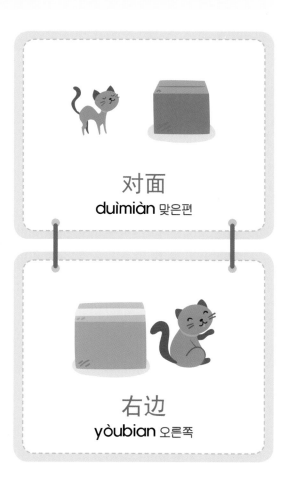

对面
duìmiàn 맞은편

右边
yòubian 오른쪽

Wán yi wán
중국어로 놀아요

눈 가리고 길 찾아가기

113쪽 오리기 활용

준비물 장소 이름 카드

1. 책상을 배열해서 길을 만들고, 곳곳에 장소 이름 카드를 놓아 두어요.

2. 두 명씩 짝을 지어서, 한 사람은 눈을 가리고 다른 한 사람은 목적지를 알려 줘요.

3. 눈을 가린 사람이 모둠원의 길 안내에 따라 목적지에 도착하면 성공이에요.

예) 往前走, 往西边走。 Wǎng qián zǒu, wǎng xībian zǒu.

보충 단어

教室 jiàoshì 교실	洗手间 xǐshǒujiān 화장실	操场 cāochǎng 운동장
医院 yīyuàn 병원	学校 xuéxiào 학교	超市 chāoshì 마트
文具店 wénjùdiàn 문구점	朋友家 péngyou jiā 친구 집	

82 초등학교 생활 중국어 5

Xiě yi xiě
바르게 따라 써 봐요

1 획순에 맞게 한자를 따라 써 보세요.

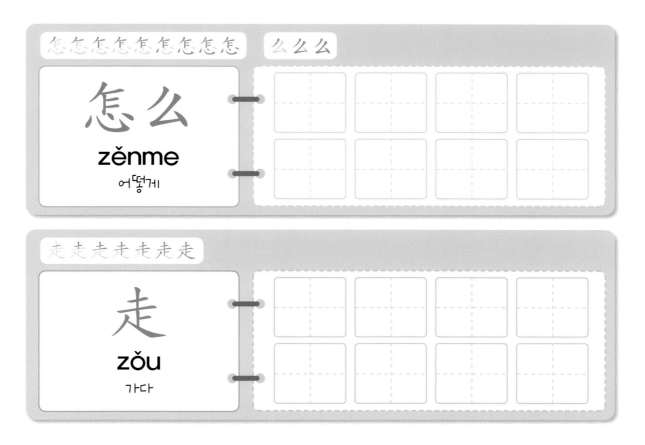

怎怎怎怎怎怎怎怎怎　　么么么

怎么
zěnme
어떻게

走走走走走走走

走
zǒu
가다

2 위에서 연습한 단어를 써서 문장을 완성하세요.

去校长室 ⬜ ⬜ ?
Qù xiàozhǎngshì ⬜ ⬜ ?

校长室

往前 ⬜ 就是校长室。
Wǎng qián ⬜ jiù shì xiàozhǎngshì.

Liànxí
연습해 봐요

1 녹음을 듣고 질문에 알맞은 대답을 골라 ○ 표를 하세요.

❶ 베이베이는 어디에 있나요?

 ☐    ☐    ☐

❷ 아리는 어느 방향으로 가나요?

往东边走。 ☐   往南边走。 ☐   往北边走。 ☐
Wǎng dōngbian zǒu.   Wǎng nánbian zǒu.   Wǎng běibian zǒu.

2 빈칸에 들어갈 알맞은 단어를 보기 에서 골라 써 넣으세요. (중복 사용 가능)

보기	走	在	卫生室	哪儿	去
	zǒu	zài	wèishēngshì	nǎr	qù

❶ 보건실은 어디에 있어?

	在		?
	zài		?

❷ 징징이는 교장실에 있어.

京京		校长室。
Jīngjing		xiàozhǎngshì.

🎧 MP3 **7-4**

3 그림을 보고 보기 의 단어를 사용하여 질문에 대답해 보세요. (중복 사용 가능)

보기

校长室
xiàozhǎngshì

西边　　　卫生室
xībian　　 wèishēngshì

走　　　　往
zǒu　　　 wǎng

就是　　　东边
jiù shì　　 dōngbian

❶ 去卫生室怎么走?
Qù wèishēngshì zěnme zǒu? ➡

❷ 去校长室怎么走?
Qù xiàozhǎngshì zěnme zǒu? ➡

4 우리말 뜻에 맞게 단어를 배열하여 문장을 완성하세요.

보건실은 교장실의 옆에 있어.

➡ _____ 。

Chéngyǔ
재미있는 사자성어

플러스 시간

수주대토 | 守株待兔
shǒu zhū dài tù

겉뜻 나무 그루터기를 지키며 토끼를 기다린다는 뜻.

속뜻 우연한 행운이나 기대감으로 시간만 허비하는 어리석음을 비유하여 이르는 말.

유래 송나라 때 한 농부가 밭일을 하는데, 토끼 한 마리가 갑자기 뛰어와 나무에 부딪쳐 죽어 버렸어요. 그 다음 날부터 농부는 일을 하지 않고 나무 옆에서 토끼만 기다렸어요. 하지만 토끼는 두 번 다시 나타나지 않았고, 밭에는 잡초만 무성해져 농사일도 망쳤어요.

8과 我坐地铁回家。
난 지하철 타고 집에 가.

Wénhuà

중국을 알아 봐요

중국에는 버스 외에도 다양한 교통 수단이 있어.

 중국 대중교통

중국의 지하철은 베이징 지하철이 제일 오래되었고, 상하이 지하철 노선은 세계에서 가장 길다고 해요. 요즘은 배터리를 충전해서 달리는 전동 자전거(电动自行车 diàndòng zìxíngchē)도 많이 볼 수 있어요.

또 전동 자전거나 일반 자전거를 개조한 삼륜차(三轮车 sānlúnchē)도 있어요. 삼륜차는 바퀴가 3개 달린 차예요. 옛날 우리나라에도 있었던 교통수단인 인력거에 자전거나 전동 자전거를 달아 놓은 것이라고 생각하면 돼요. 짧은 거리를 가거나 좁은 골목길로 이동할 때 삼륜차를 이용해요.

Dú yi dú
따라 읽어 봐요

阿丽，这是你的自行车吗？
Ālì, zhè shì nǐ de zìxíngchē ma?

好像新买的。
Hǎoxiàng xīn mǎi de.

对，昨天新买的。
Duì, zuótiān xīn mǎi de.

我骑自行车回家。
Wǒ qí zìxíngchē huí jiā.

MP3 8-1

你怎么回家?
Nǐ zěnme huí jiā?

我坐地铁回家。明天见!
Wǒ zuò dìtiě huí jiā. Míngtiān jiàn!

단어를 익혀요! MP3 8-2

自行车 zìxíngchē 자전거   好像 hǎoxiàng 마치 ~인 것 같다   新 xīn 새롭다, 새로

买 mǎi 사다   骑 qí 타다 [말 타는 자세로 탈 때 사용]   回家 huí jiā 집에 가다

坐 zuò (탈것에) 타다   地铁 dìtiě 지하철   明天 míngtiān 내일

见 jiàn 만나다

Shuō yi shuō
바꿔서 말해 봐요

1

好像~ hǎoxiàng~

'마치 ~인 것 같다'라는 뜻으로 사용해요.

好像 新买的 。
Hǎoxiàng xīn mǎi de.

见过你
jiànguo nǐ 너를 본 적이 있다

喜欢你
xǐhuan nǐ 너를 좋아한다

不知道这件事
bù zhīdào zhè jiàn shì 이 일을 모른다

是外国人
shì wàiguórén 외국인이다

🎧 MP3 8-3

2

坐(骑) A 回(去) B zuò(qí) A huí(qù) B

'A를 타고 B에 돌아가다(가다)'라는 뜻으로, 교통수단을 표현할 때 사용해요.

我 **坐地铁回家** 。

Wǒ zuò dìtiě huí jiā.

坐公共汽车
zuò gōnggòng qìchē 버스를 타다

去银行
qù yínháng
은행에 가다

坐火车
zuò huǒchē
기차를 타다

去奶奶家
qù nǎinai jiā
할머니 댁에 가다

坐飞机
zuò fēijī
비행기를 타다

去中国
qù Zhōngguó
중국에 가다

骑摩托车
qí mótuōchē
오토바이를 타다

去超市
qù chāoshì
슈퍼마켓에 가다

Wán yi wán
중국어로 놀아요

주사위 놀이

115쪽 오리기 활용

준비물 주사위

 2명이 한 팀이 되어 부록에 있는 주사위를 오려 만들어요.

 주사위를 굴려서 나온 교통수단과 목적지를 보고 중국어로 말해요.
예 비행기와 중국 그림 ➡ "我坐飞机去中国。"

 문장을 정확하게 말하면 1점을 얻고, 틀리면 상대방에게 주사위 던질 기회가 돌아가요.

⭐ 몇 번 주사위를 굴릴지 미리 정해서, 정해진 만큼 굴린 후 더 많은 점수를 받은 사람이 이겨요.

1 획순에 맞게 한자를 따라 써 보세요.

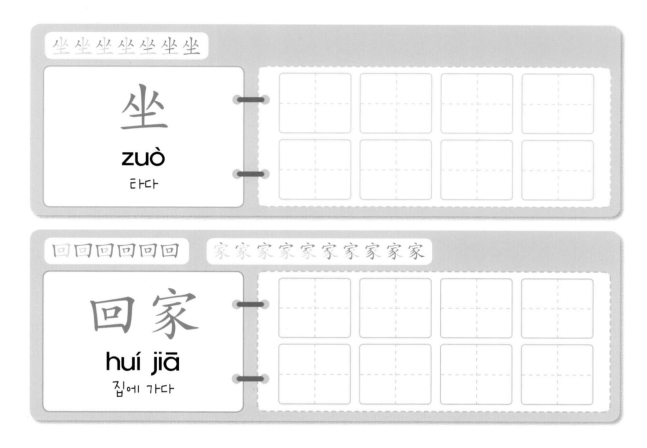

坐坐坐坐坐坐坐

坐
zuò
타다

回回回回回回　　家家家家家家家家家家

回家
huí jiā
집에 가다

2 위에서 연습한 단어를 써서 문장을 완성하세요.

你怎么 ___ ?
Nǐ zěnme ___ ?

我 ___ 地铁 ___ 。
Wǒ ___ dìtiě ___ .

Liànxí
연습해 봐요

1 녹음을 듣고 질문에 알맞은 대답을 골라 ○ 표를 하세요.

❶ 유준이는 무엇을 타고 집에 가나요?

2 그림의 상황에 맞는 문장을 찾아 ○ 표를 해 보세요.

❷ 나는 어떤 교통수단으로 중국에 가나요?

地铁　　　　　　　　火车　　　　　　　　飞机
dìtiě　　　　　　　　huǒchē　　　　　　　fēijī

2 그림의 상황에 맞는 문장을 찾아 ○ 표를 해 보세요.

❶

我骑摩托车回家。
Wǒ qí mótuōchē huí jiā.

我骑自行车回家。
Wǒ qí zìxíngchē huí jiā.

❷

好像喜欢你。
Hǎoxiàng xǐhuan nǐ.

好像新买的。
Hǎoxiàng xīn mǎi de.

3 그림을 보고 [보기]의 단어를 사용하여 질문에 대답해 보세요. (중복 사용 가능)

보기	摩托车 mótuōchē	坐 zuò	火车 huǒchē	骑 qí	公共汽车 gōnggòng qìchē

❶ 阿丽 _____ 去奶奶家。
Ālì _____ nǎinai jiā.

❷ 有俊 _____ 去超市。
Yǒujùn _____ qù chāoshì.

❸ 京京 _____ 去银行。
Jīngjing _____ qù yínháng.

4 우리말 뜻에 맞게 단어를 배열하여 문장을 완성하세요.

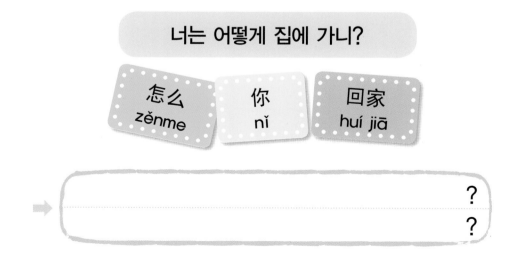

너는 어떻게 집에 가니?

怎么 zěnme   你 nǐ   回家 huí jiā

➡ _____ ?
  _____ ?

발묘조장 | 拔苗助长
bá miáo zhù zhǎng

겉뜻 새싹을 뽑아서 자라도록 돕는다는 뜻.

속뜻 순리에 맞지 않게 빠른 결과를 보려고 서두르다가 도리어 일을 그르친 경우를 이르는 말.

유래 송나라 때 한 농부가 있었어요. 그는 이웃집 밭의 새싹이 자기 밭의 새싹보다 키가 더 큰 것을 보고는 고민하다가 새싹을 다 위로 잡아 뽑아 이웃집 밭의 새싹과 높이를 맞췄어요. 다음 날, 싱싱하던 새싹이 모두 말라 죽어서 결국 농부는 농사를 망쳤어요.

부록

본문 해석

1과 18~19쪽

유준 1교시는 무슨 수업이야?

징징 1교시는 체육 수업이야.

베이베이 난 체육 수업을 좋아해. 체육 수업은 재미있어. 너는?

아리 난 체육 수업을 별로 좋아하지 않아.
　　　난 중국어 수업을 좋아해.

2과 28~29쪽

징징 내 연필이 안 보여. 너 내 연필 봤니?

유준 못 봤어. 우리 함께 찾아보자.

유준 이게 네 연필이야?

징징 맞아. 이게 내 연필이야.

유준 물건을 잘 놔둬.

3과 38~39쪽

베이베이 이건 내가 그린 만화야. 어때?

아리 와, 정말 대단해! 마치 만화가가 그린 것 같아.

베이베이 고마워. 난 만화가가 되고 싶어. 넌 뭐가 되고 싶어?

아리 난 가수가 되고 싶어.

4과 48~49쪽

아리 와, 이렇게 요리가 많다니, 정말 맛있어 보여!
　　이건 무슨 요리야?

베이베이 이건 마파두부인데, 조금 매워.

징징 넌 매운 거 먹을 수 있어?

유준 난 매운 거 먹을 수 있어. 난 특히 마파두부를 좋아해.

징징 우리 빨리 맛보자.

5과 58~59쪽

선생님 오늘은 우리 시험을 볼 거예요. 모두들 준비됐나요?

학생들 준비됐어요.

선생님 그럼 시험을 시작합시다. 책을 보지 마세요.

선생님 시간이 됐어요.

유준 저는 아직 다 못 썼어요. 선생님, 5분만 더 주세요.

6과 68~69쪽

의사 어디가 불편해요?

아리 저 목구멍이 아파요.

의사 언제부터 목구멍이 아프기 시작했어요?

아리 어제부터 목구멍이 아프기 시작했어요. 오늘은 또 열도 나요.

의사 감기에 걸렸어요. 제때 약을 먹으면 돼요.

7과 78~79쪽

징징 아리와 베이베이는 어디에 있어?

유준 아리는 교장실에 있고, 베이베이는 보건실에 있어.

징징 교장실은 어떻게 가?

유준 앞으로 가면 바로 교장실이야.

징징 보건실은 어디에 있어?

유준 보건실은 교장실 옆에 있어.

8과 88~89쪽

베이베이 아리야, 이거 네 자전거야? 마치 새 것 같아.

아리 맞아. 어제 새로 산 거야. 나 자전거 타고 집에 돌아가.

아리 넌 어떻게 집에 돌아가?

베이베이 난 지하철 타고 집에 돌아가. 내일 보자!

녹음 대본

1과 24쪽

1 ❶ 第三节是数学课。
Dì-sān jié shì shùxué kè.

❷ 我喜欢上汉语课。
Wǒ xǐhuan shàng Hànyǔ kè.

2과 34쪽

1 ❶ 我的本子不见了。
Wǒ de běnzi bú jiàn le.

❷ 你把铅笔盒放好。
Nǐ bǎ qiānbǐhé fànghǎo.

3과 44쪽

1 ❶ 这是我画的漫画。
Zhè shì wǒ huà de mànhuà.

❷ 我想当漫画家。
Wǒ xiǎng dāng mànhuàjiā.

4과 54쪽

1 ❶ 我能吃酸的。
Wǒ néng chī suān de.

❷ 这是麻婆豆腐，有点儿辣。
Zhè shì mápódòufu, yǒudiǎnr là.

5과 64쪽

1 ❶ 今天我们要表演。
Jīntiān wǒmen yào biǎoyǎn.

❷ A : 阿丽，贴好了吗？
Ālì, tiēhǎo le ma?

B : 贴好了。
Tiēhǎo le.

6과 74쪽

1 ❶ 阿丽牙疼。
Ālì yá téng.

❷ 阿丽从昨天开始肚子疼。
Ālì cóng zuótiān kāishǐ dùzi téng.

7과 84쪽

1 ❶ 北北在校长室。
Běibei zài xiàozhǎngshì.

❷ 阿丽往南边走。
Ālì wǎng nánbian zǒu.

8과 94쪽

1 ❶ 有俊坐地铁回家。
Yǒujùn zuò dìtiě huíjiā.

❷ 我坐飞机去中国。
Wǒ zuò fēijī qù Zhōngguó.

정답

1과 24~25쪽

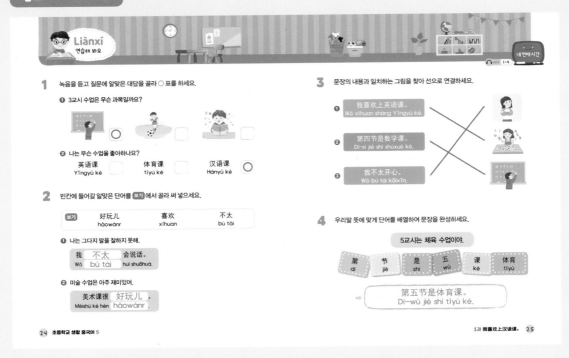

2과 34~35쪽

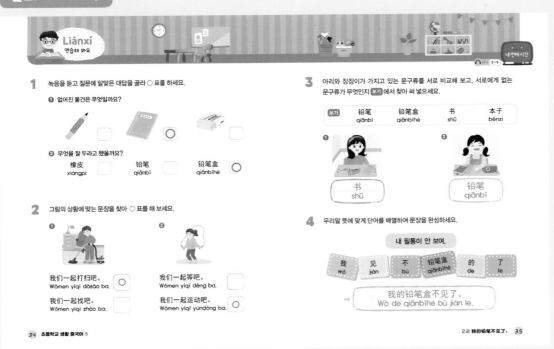

3과 44~45쪽

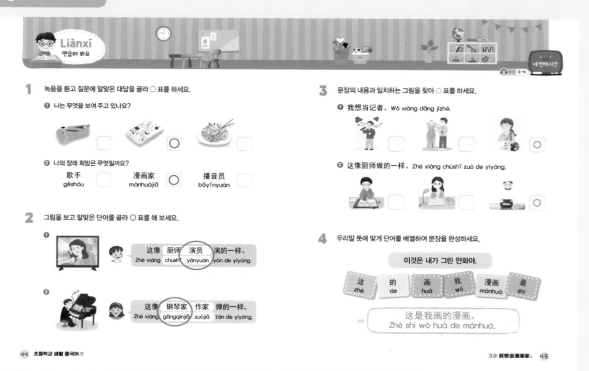

1 녹음을 듣고 질문에 알맞은 대답을 골라 ○ 표를 하세요.

❶ 나는 무엇을 보여 주고 있나요?

❷ 나의 장래 희망은 무엇일까요?

歌手 gēshǒu 漫画家 mànhuàjiā ○ 播音员 bōyīnyuán

2 그림을 보고 알맞은 단어를 골라 ○ 표를 해 보세요.

❶ 这像 厨师 演员 演的一样。
Zhè xiàng chúshī yǎnyuán yǎn de yíyàng.

❷ 这像 钢琴家 作家 弹的一样。
Zhè xiàng gāngqínjiā zuòjiā tán de yíyàng.

3 문장의 내용과 일치하는 그림을 찾아 ○ 표를 하세요.

❶ 我想当记者。 Wǒ xiǎng dāng jìzhě.

❷ 这像厨师做的一样。 Zhè xiàng chúshī zuò de yíyàng.

4 우리말 뜻에 맞게 단어를 배열하여 문장을 완성하세요.

이것은 내가 그린 만화야.

这 zhè 的 de 画 huà 我 wǒ 漫画 mànhuà 是 shì

→ 这是我画的漫画。
Zhè shì wǒ huà de mànhuà.

44 초등학교 생활 중국어 5

3과 我想当漫画家。 45

4과 54~55쪽

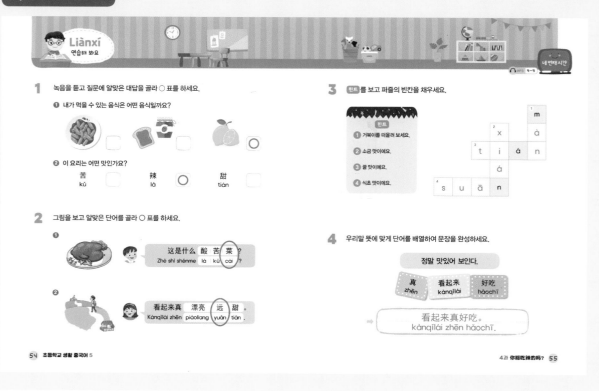

1 녹음을 듣고 질문에 알맞은 대답을 골라 ○ 표를 하세요.

❶ 내가 먹을 수 있는 음식은 어떤 음식일까요?

❷ 이 요리는 어떤 맛인가요?

苦 kǔ 辣 là ○ 甜 tián

2 그림을 보고 알맞은 단어를 골라 ○ 표를 하세요.

❶ 这是什么 酸 苦 菜 ？
Zhè shì shénme là kǔ cài?

❷ 看起来真 漂亮 远 甜 。
Kànqǐlái zhēn piàoliang yuǎn tián.

3 힌트를 보고 퍼즐의 빈칸을 채우세요.

힌트
❶ 거북이를 떠올려 보세요.
❷ 소금 맛이에요.
❸ 꿀 맛이에요.
❹ 식초 맛이에요.

4 우리말 뜻에 맞게 단어를 배열하여 문장을 완성하세요.

정말 맛있어 보인다.

真 zhēn 看起来 kànqǐlái 好吃 hǎochī

→ 看起来真好吃。
kànqǐlái zhēn hǎochī.

54 초등학교 생활 중국어 5

4과 你能吃辣的吗? 55

5과 64~65쪽

1 녹음을 듣고 질문에 알맞은 대답을 골라 ○ 표를 하세요.

❶ 오늘은 무엇을 하나요?

❷ 아리는 다 붙였나요?

还没贴好。 Hái méi tiēhǎo.

贴好了。 Tiēhǎo le. ○

2 빈칸에 들어갈 알맞은 단어를 [보기] 에서 골라 써 넣으세요.

[보기] 剪 jiǎn　表演 biǎoyǎn　考试 kǎoshì　擦 cā

❶ 저는 아직 다 못 잘랐어요.

我还没 剪 完。 Wǒ hái méi jiǎn wán.

❷ 오늘 우리는 시험을 볼 거예요.

今天我们要 考试。 Jīntiān wǒmen yào kǎoshì.

3 암호판을 보고 암호 문장의 뜻을 쓰세요.

○ 时间 shíjiān	▶ 旅游 lǚyóu	⊙ 没 méi	❀ 写 xiě	♣ 放 fàng	✿ 今天 jīntiān	☺ 背 bèi	☂ 要 yào
★ 好 hǎo	☼ 了 le	◈ 我 wǒ	☺ 我们 wǒmen	■ 到 dào	◇ 还 hái	嗎 吗 ma	♫ 完 wán

[보기] ■ ☼

시간이 다 됐어요.

❶ ♣ ◇ ○ ☺ ♫ ▶ → 저 아직 다 못 썼어요.

❷ ● ☺ ◈ ▶ → 오늘 우리 여행할 거야.

4 우리말 뜻에 맞게 단어를 배열하여 문장을 완성하세요.

오늘 우리는 등산을 할 거야.

爬山 pá shān　要 yào　今天 jīntiān　我们 wǒmen

→ 今天我们要爬山。 Jīntiān wǒmen yào pá shān.

64　초등학교 생활 중국어 5

5과 今天我们要考试。 65

6과 74~75쪽

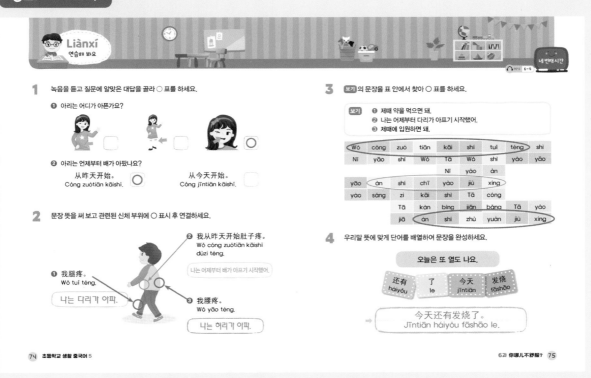

1 녹음을 듣고 질문에 알맞은 대답을 골라 ○ 표를 하세요.

❶ 아리는 어디가 아픈가요?

❷ 아리는 언제부터 배가 아팠나요?

从昨天开始。 Cóng zuótiān kāishǐ. ○

从今天开始。 Cóng jīntiān kāishǐ.

2 문장 뜻을 써 보고 관련된 신체 부위에 ○ 표시 후 연결하세요.

❶ 我腿疼。 Wǒ tuǐ téng.

나는 다리가 아파.

❷ 我从昨天开始肚子疼。 Wǒ cóng zuótiān kāishǐ dùzi téng.

나는 어제부터 배가 아프기 시작했어.

❸ 我腰疼。 Wǒ yāo téng.

나는 허리가 아파.

3 [보기] 의 문장을 표 안에서 찾아 ○ 표를 하세요.

[보기] ❶ 제때 약을 먹으면 돼.
❷ 나는 어제부터 다리가 아프기 시작했어.
❸ 제때에 입원하면 돼.

Wǒ	cóng	zuó	tiān	kāi	shǐ	tuǐ	téng	shì
Nǐ	yào	shì	Wǒ	Tā	Wǒ	shì	yào	yào
				Nǐ	yào	àn		
yào	àn	shì	chī	yào	jiù	xíng		
yào	sáng	zi	kāi	shì	Tā	cóng		
		Tā	kàn	bìng	jiān	bàng	Tā	yào
		jiā	àn	shí	zhù	yuàn	jiù	xíng

4 우리말 뜻에 맞게 단어를 배열하여 문장을 완성하세요.

오늘은 또 열도 나요.

还有 háiyǒu　了 le　今天 jīntiān　发烧 fāshāo

→ 今天还有发烧了。 Jīntiān háiyǒu fāshāo le.

74　초등학교 생활 중국어 5

6과 你哪儿不舒服? 75

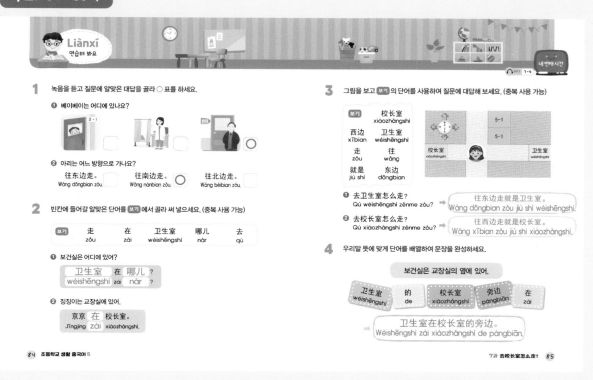

말판

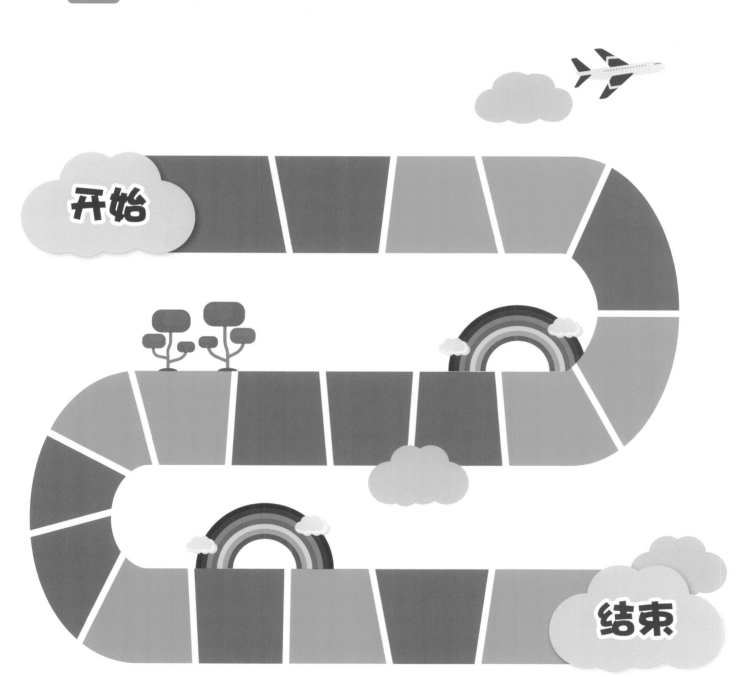

한자 카드 · 그림 카드

铅笔 qiānbǐ	
橡皮 xiàngpí	
书 shū	
本子 běnzi	
铅笔盒 qiānbǐhé	

단어 카드

我	还
没	写
剪	贴
擦	打包
完	今天

hái	wǒ
xiě	méi
tiē	jiǎn
dǎbāo	cā
jīntiān	wán

我们	要
工作	爬山
旅游	表演
考试	

yào	wǒmen
páshān	gōngzuò
biǎoyǎn	lǚyóu
	kǎoshì

장소 이름 카드

校长室 xiàozhǎngshì	卫生室 wèishēngshì
教室 jiàoshì	洗手间 xǐshǒujiān
操场 cāochǎng	医院 yīyuàn
学校 xuéxiào	超市 chāoshì
文具店 wénjùdiàn	朋友家 péngyou jiā

주사위